부처가 본 천지창조

KB191961

부처가 본 천지창조

발행일	2018년 5월 11일

지은이	박 재 율
펴낸이	손 형 국
펴낸곳	(주)북랩
편집인	선일영
편집	오경진, 권혁신, 최예은, 최승헌, 김경무
디자인	이현수, 김민하, 한수희, 김윤주, 허지혜
제작	박기성, 황동현, 구성우, 정성배
마케팅	김회란, 박진관,
출판등록	2004. 12. 1(제2012-000051호)
주소	서울시 금천구 가산디지털 1로 168, 우림라이온스밸리 B동 B113, 114호
홈페이지	www.book.co.kr

전화번호	(02)2026-5777	팩스	(02)2026-5747

ISBN	979-11-6299-111-4 03220(종이책) 979-11-6299-112-1 05220(전자책)

잘못된 책은 구입한 곳에서 교환해드립니다.
이 책은 저작권법에 따라 보호받는 저작물이므로 무단 전재와 복제를 금합니다.

이 도서의 국립중앙도서관 출판예정도서목록(CIP)은 서지정보유통지원시스템 홈페이지(http://seoji.nl.go.kr)와
국가자료공동목록시스템(http://www.nl.go.kr/kolisnet)에서 이용하실 수 있습니다.
(CIP제어번호 : CIP2018013954)

(주)북랩 성공출판의 파트너

북랩 홈페이지와 패밀리 사이트에서 다양한 출판 솔루션을 만나 보세요!

홈페이지 book.co.kr • **블로그** blog.naver.com/essaybook • **원고모집** book@book.co.kr

과학과 종교가 대립을 멈추고 마주하다

부처가 본
천지창조

박재율 지음

북랩 book Lab

졸작에 대하여

누구나 철들기 시작하면서 자아에 대하여 궁금해지기 시작한다. 나는 누구이며, 어디서 왔으며, 왜 사는지, 어떻게 살아야 하는지, 무엇을 하며 살아야 하는지, 언제까지 살며 언제 세상을 떠나는지, 죽으면 어떻게 되는지에 대해서 자기 나름대로 답을 찾기 시작한다.

종교에서 찾아보기도 하고 철학, 과학, 문학 등 온갖 학문에서 답을 발견하려고 노력을 한다. 필자도 철들어서부터 지금까지 나름대로 답을 구하기 위해 여기저기 기웃거려 왔다. 종교나 철학에서는 정신에 주로 치우쳐 있어 만족스럽지 못하고, 과학에서는 물질적인 측면에서는 어느 정도 수긍되기는 하지만 과학적인 설명만으로는 완전히 흡족한 답을 구할 수가 없었다. 칼 세이건이 지은 『코스모스(Cosmos)』를 읽어 보면, 이 우주는 빅뱅(Big bang)으로 시작해 생명체가 탄생하였음을 잘 설명해 놓았고, 그것은 모두 지금까지 밝혀진 과학적 사실을 바탕으로 이루어졌기 때문에 물질적인 측면에서는 상당히 만족할 만한 것이었다.

그래서 현대 첨단과학자들, 예컨대 인공지능이나 뇌 과학을 연구하는 사람 중 일부는 "인간의 지성, 이것은 별것 아니다. 정신도 다 뇌라는 물체에서 나오는 현상일 뿐이다."라고 말한다. 그리고 더 나아가 인공지능이 인간을 지배하는 세상이 올 것이라고도 한다.

　　그래도 종교를 믿는 신심 있는 일부 연구자는 "아니다. 그래도 정신은 있는 것이고 모든 것은 하나님이 주관해서 하는 것이다."라고 창조론을 주장한다. 진화론과 창조론은 늘 대립적으로 생각하고 주장을 해서 합일점을 찾기 어려웠다. 그런데 필자는 두 이론을 합쳐서 합리적으로 설명한 글을 발견했는데 나 혼자만 알고 묻어두기에는 아깝고 꼭 알려야 될 것 같아서 졸필을 들게 된 것이다. 그 글은 우리가 잘 알고 있는 역사책에서 배운 신라의 의상대사께서 지으신 〈법성게(法性偈)〉다. 〈법성게〉는 스님들은 다 알고 있고 불자들도 많이 알고 있다. 그런데 왜 새삼스럽게 언급하느냐고 묻는다면 필자는 이렇게 대답하고 싶다.

지금까지 〈법성게〉 해설은 종교적인 측면에서만 해석해왔는데 과학적인 해석을 해보면 빅뱅과 기독교의 천지창조와 매우 같다. 그래서 필자가 새로이 해석하는 〈법성게〉를 알리고자 졸필을 들었다. 공감하든, 반감하든 그것은 독자들의 권리고 몫이다.

제1부 '내가 본 세계'는 이 책을 읽는 데 필요한 약간의 지식이며 이해의 도구로써 사용하기 바란다.

제2부 '야훼의 천지창조'는 성경에 있는 부분을 옮겨 쓰고 필자 나름대로 해석한 내용을 담았다.

제3부 '부처가 본 천지창조'는 의상대사의 〈법성게〉를 현대 물리학과 종교적 측면에 맞추어 풀이해 보았다.

제4부 '이 뭐꼬?'는 원래 수행자들의 화두(話頭)로 주로 사용되지만 여기서는 필자가 느낀 생각들을 읊어 보았다. 정답이 아니거나 논리적으로 안 맞더라도 탓하지 말고 무언가를 찾는 데 도움이 되기를 바란다.

화두 자체가 논리에서는 벗어난 것이 많고 오래 생각하면 깨우치게 되는 것이라고 하니 필자의 횡설수설을 화두라고 생각하고 읽어주면 좋겠다. 횡설수설의 현대적 의미는 '조리 없이 논리에 맞지 않게 지껄이는 말'이라고 하지만 원래의 의미는 부처님께서 듣는 사람의 근기(이해력)에 맞게 이야기해 주다 보니 앞뒤 논리가 안 맞는다고 생각한 사람들이 지어낸 말이다. 참뜻은 모르고 말이나 글자에 구속되면 그렇게들 생각한다. 아무쪼록 졸작에서 인생사에 대해 조금이라도 건져 올리는 게 있기를 기원한다.

2018年 4月

박재율

목차

졸작에 대하여 · 4

제1부
내가 본 세계 / 13

❋ 선지자 · 14

❋ 표준상태와 상온상태 - 물은 100℃에서 끓는가? · 16

❋ 그 많은 눈(雪)송이가 똑같은 게 왜 하나도 없나? · 20

❋ 보일, 샤를의 법칙 · 22

❋ 입자가속기 · 26

❋ 틴달효과와 브라운 운동 · 29

❋ 휘천인(輝天人) · 31

❋ 직접 본 황당한 진실 · 33

❋ 우주는 얼마나 클까 · 39

❋ 우주가 있기는 한가 · 41

❋ 클레오파트라의 양치질 물이 1.8L라면? · 42

❋ 산다는 것은 Ⅰ · 45

❋ 하나님과 법성(法性) · 49

제2부
야훼의 천지창조 / 51

✿ 야훼의 천지창조 • 52
✿ 천지창조의 시간과 빅뱅의 시간 • 54
✿ 『성서』의 왜곡은 누가? • 57
✿ 이브의 창조 • 59
✿ 선악과의 실체 • 61
✿ 카인의 후예 • 65

제3부
부처가 본 천지창조 / 69

✿ 〈법성게〉 • 70
✿ 法性圓融無二相 諸法不動本來寂(법성원융무이상 제법부동본래적) • 72
✿ 無名無相絶一切 證智所知非餘境(무명무상절일체 증지소지비여경) • 74
✿ 眞性甚心極微妙 不守自性隨緣成(진성심심극미묘 불수자성수연성) • 76
✿ 一中一切多中一 一卽一切多卽一(일중일체다중일 일즉일체다즉일) • 79

❈ 一微塵中含十方, 一切塵中亦如是(일미진중함시방, 일체진중역여시) • 81

❈ 無量遠劫卽一念 一念卽是無量劫(무량원겁즉일념 일념즉시무량겁) • 83

❈ 九世十世互相卽 仍不雜亂隔別成(구세십세호상즉 잉불잡란격별성) • 85

❈ 初發心時便正覺 生死涅槃常共和(초발심시변정각 생사열반상공화) • 86

❈ 理事冥然無分別 十佛普賢大人境(이사명연무분별 십불보현대인경) • 90

❈ 能仁海印三昧中 繁出如意不思意(능인해인삼매중 번출여의불사의) • 91

❈ 雨寶益生滿虛空 衆生隨器得利益(우보익생만허공 중생수기득이익) • 94

❈ 是故行者還本際 叵食忘想必不得(시고행자환본제 파식망상필부득) • 96

❈ 無緣善巧捉如意 歸家隨分得資糧(무연선교착여의 귀가수분득자량) • 98

❈ 以陀羅尼無盡宝 莊嚴法界實宝殿(이다라니무진보 장엄법계실보전) • 100

❈ 窮坐實際中道床 舊來不動名爲佛(궁좌실제중도상 구래부동명위불) • 102

제4부
이 뭐꼬? / 109

❈ 깨달음의 세계 • 110

❈ 깨닫고 나면 뭐든 다 알게 되나? 다 할 수 있나? • 113

❈ 원효 스님의 가르침 • 117

❈ 복 달라고 하면 왜 안 되는 건지? • 128

❈ 빌면 소원이 다 이루어질까? • 131

❈ 인공지능이 일을 다 해주면 • 135

❈ 나는 무엇인가 • 140

❀ 어떻게 살아가야 할 것인가 Ⅰ • 141

❀ 어떻게 살아가야 할 것인가 Ⅱ • 146

❀ 흔적 - 알 수 있는 흔적, 알 수 없는 흔적 • 149

❀ 명경대 • 151

❀ 어떻게 살아가야 할 것인가 Ⅲ • 153

❀ 관세음보살과 인공지능 • 157

❀ 똥 빨아 무라 • 159

❀ 차별 없는 세상, 평등한 세상 • 161

❀ 종교의 현실참여 • 163

❀ 칠보가 깔린 극락세계 • 165

❀ 시간이란 무엇인가 • 168

❀ 산다는 것은 Ⅱ • 171

❀ 사사유관, 사사무애 • 173

❀ 행복이란? • 176

❀ 인연 • 179

❀ 罪(죄)와 業(업) • 182

❀ 죽으면 어디로 가는가 • 185

❀ 부처의 가르침 • 189

❀ 이 뭐꼬?(이것이 무엇인고?) • 201

끝내는 말씀드립니다 / 203

제1부

내가 본 세계

선지자

확실한 뜻을 알기 위해서 약간의 한자를 인용해야겠다. 공자, 맹자, 순자의 '자'는 子다.

그러므로 子는 한 개인을 뜻한다. 그리고 자는 者(자) 자도 있다. 이런 사람은 이런 者, 저런 사람은 저런 者라고 한다. 그러므로 者는 특정인을 지칭하는 게 아니고 일반적인 사람을 말하는 것이다. 즉, 물리학 '子'가 아니고 물리학 '者'인 것이다.

선지에 대해서 살펴보자. 善知(선지)와 善智(선지)가 있고, 또 先知(선지)가 있다.

하나씩 적용해 보면 先知子(선지자)는 앞일을 내다볼 줄 아는 뛰어난 사람이다. 예를 들면 『토정비결(土亭祕訣)』을 지은 토정 이지함이나 노스트라다무스 같은 분들이다. 先知者(선지자)는 앞일을 조금 예측할 줄 아는 사람들이다.

善知子(선지자)는 예수님과 부처님의 열두 제자들이고, 善知者(선지자)는 그 후의 많은 뛰어난 제자들과 선사들을 말하는 것이다.

善智子(선지자)는 부처님이나 예수님 같은 최상승의 지혜를 가지신 분을 말한다. 善(선)은 최고를 의미하는 접두사이다. 나는 선지자(善智子) 두 분의 말씀을 내 나름으로 해석해 보고자 한다. 감히 그 두 분의 경지가 어떠한지 그림자도 알 수 없지만 하신 말씀은 있으니까 그 말씀 중의 극히 일부분일 망정 현대인인 내 생각으로, 또 현재의 과학 수준에 대입해서 풀어보고자 한다.

표준 상태와 상온 상태
– 물은 100℃에서 끓는가?

 과학자들은 0℃ 1기압을 표준 상태라고 정의했다. 또 25℃ 1기압을 상온 상태라고 약속했다. 무슨 일이든 기준이 필요하겠지만, 특히 과학 연구에는 엄격한 기준이 필요하다. 여기서 엄격하다는 말은 많은 사람이 공통으로 인정할 수 있는 범위 내의 것을 말하는 것이며 더 엄격한 잣대 -더 미세하고 더 정밀한 잣대- 를 들이대면 오차가 생기게 마련이다. 그런 식으로 따지면 과학을 할 수 없다. 그래서 많은 사람이 서로 수긍할 수 있는 한도 내의 잣대로 기준을 정하고 정의하는 것이다. 그래서 물은 표준 상태에서 100℃에서 끓고 0℃에서 언다고 정하고 온도계를 만들어 눈금을 표시하고 사용하기로 약속했다.

 언젠가 교육방송에서 영국 유명대학의 교수가 '물은 정말 100℃에서 끓는가'라는 주제로 강의하는 것을 들은 적이 있다. 청강하는 분 중에는 국내 최고대학의 최고 교수진들이 대거 포진하고 있었다. 강의하는 분은 원래 과학이 전공이 아닌 분인데, 창의적인 생각을 하려면 기존의 관점을 다른 시각으로 보고 의문을 가지고 정말 그런지에 대한 검정을 정밀하고 엄격하게 해야 한다는 것을 강조했다. 그리고 이를 통해 과학의 자세, 연구의 자세, 관점의 자세를 강조했다. 의도는 좋은데, 수긍하기 어려운 부분도 있고 그런 식으로 하면 과학을 할 수가 없다는 생각이 든다. 강의가 끝나고 몇 분이 질문과 의문을 제시하긴 했지만, 내가 본 바로는 과학의 근간을 흔드는 생각이다. 새로운 발견이나 이론이 아니고 관점을 다르게 해서 다시 보면 지금 사실이라고 믿는 것도 사실이 아닐 수도 있다는 식이다.

그분의 강의 논점은 물이 끓을 때의 온도를 재보니 위치에 따라 99℃일 때도 있고 100℃일 때도 있다는 점이었다. 여기에는 물론 측정오차도 있지만, 용기 표면의 표면적 차이(현미경으로 보면 유리그릇 표면도 울퉁불퉁하다)도 있고, 온도계 접촉면의 차이, 온도계 내부의 관의 매끄러움의 차이, 물의 순수도 차이, 대기의 압력 차이 등 수많은 요인이 있을 수 있다고 했다.

옳은 말이고 옳은 관점이며 기존의 사실도 새로운 시각으로 바라보자는 취지인 것 같았다. 그러나 과학의 토대는 여러 사람이 인정하고 정의한 것으로부터 시작된다. 물이 끓는점이 왜 100℃(1기압 하에서)여야 하는지는 과학자들이 약속한 사항이다. 물리적 요인 외에 화학적·분자적 관점에서 생각해 보자. '물이 끓는다'는 것은 물 분자들의 평균 운동 에너지보다 더 큰 운동 에너지를 가진 분자들이 수소 결합으로 이루어진 그네들의 집단에서 탈출하여 자유 공간으로 날아가는 현상을 말한다. 즉, 열을 많이 받은 놈이 열 나서 뛰쳐나가는 형상이다. 이 현상은 용기의 표면에서도 일어나고, 바닥에서도 일어나고, 중간이든, 어디든 일어난다. 그러면 온도계에서 감지되는 열은 평균 운동에너지를 가진 분자들의 것일까, 아니면 더 큰 운동에너지를 가진 분자들의 것일까, 혹은 합산일까.

열을 점점 더 세게 하면 끓는 현상은 더 맹렬하게 일어난다. 즉, 더 큰 운동에너지를 가진 입자가 더 늘어난다고 할 수 있다. 그러면 온도가 점점 올라가야 맞지 않을까. 그러나 열 교환 속도가 같이 빨라지므로 온도계 눈금은 100℃를 가리키고 있다. 만약 100.00℃까지 잴 수 있는 온도계라면 처음 끓는 온도가 정확히 100.00℃이었다면 격렬한 끓음이 시작되면 100.05℃로 올라갈지도 모른다. 평균 운동에너지라는 것은 그렇게 정의하고 눈금에 표시된 대로 측정한 값을 인정한 것이지 분자 하나하나를 측정해서 이들의 평균으로 할 수는 없다.

요점은 너무 세밀하게 모든 사항을 다 고려하면 이론을 전개할 수도, 과학을 할 수도 없다는 것이다. 현상을 현상대로 인정하고 정의할 것은 정의해서 토대를 쌓아 가는 게 과학이란 것이 아닐까. 누구나 산 아래서 짓는 밥과 산꼭대기에서 짓는 밥은 다르다는 것을 안다. 기압 차이 때문에 물의 끓는 점이 다르기 때문이다. 그래서 표준 상태를 정한 것이다. 사실 현미경으로 관찰하는 것과 같이 너무 엄밀하게 이야기하면 단정 지을 순간이 없다. 관여하는 요인이 너무 많고 변하는 시간이 너무 짧기 때문이다.

그 많은 눈(雪)송이가
똑같은 게 왜 하나도 없나?

    태초부터 지금까지 내린 눈을 숫자로 셈하면 얼마나 될까. 그 많은 눈 모양 중 똑같은 게 하나도 없다니 믿기지 않을 일이다. 물론 비슷하게 닮은 것이야 있을 것이다. 그렇지만 똑같지는 않다고 한다. 그까짓 분자 구조는 H_2O인데 말이다. 눈이 만들어질 때의 조건은 기껏해야 온도, 수분(습도), 기압, 바람, 먼지 등 몇 가지의 변수밖에 없다. 그러나 엄밀히 보면 이 다섯 가지의 변수도 만만치만은 않다. 온도도 0℃에서 -60℃까지 1℃씩 잡아도 60개이고 0.1℃씩 잡으면 600개이다. 수분, 기압, 바람, 먼지 등까지 세밀하게 구분하면 한이 없다. 이걸 다 곱해서 경우의 수를 만들면 얼마나 될까. 알파고(AlphaGo)가 바둑을 둔다고 법석을 떨 때 경우의 수를 따지는 분들이 하는 이야기가 있었다. 19줄×19줄=361눈의 경우의 수가 우주의 모든 입자의 수(10^{100}개)보다 많다고 한다. 겨우 361개의 수가 그렇다 할진대 눈이 만들어질 때의 수천 가지 조건의 경우의 수는 표시할 수도 없고 상상조차 힘든 수치다. 이것만 가지고도 똑같은 눈 모양은 생길 수 없다고 할 수 있다. 그러나 조금 더 나아가 정밀하게 물 분자와 물 분자들끼리의 수소 결합까지 따지면 앞으로 억만겁의 세월이 지나도 똑같은 눈 모양은 안 만들어진다는 것을 알 수 있다. 물 1㏖ 18g에 들어있는 분자의 수는 무려 $6,0238 \times 10^{23}$개다. 눈 한 송이의 무게가 만약 0.00018g이라면(실제 이것보다 조금 더 나가겠지만, 이 정도 미량이라고 가정해보자) 물 1㏖의 10^{-5}분의 1이므로 그 속에 있는 분자의 수는 $6,0238 \times 10^{18}$개나 된다. 이것들이 앞의 다섯 가지 요인들에 의해 눈이 될 때의 수소 결합의 경우의 수는(눈이나 얼음은 물 분자끼리의 수소 결합 형태로 보여주는 꼴이다) 얼마나 될까. 아무도 계산하지 못할 것이다.

아아. 자연은 너무나 거대하다. 눈 한 송이가 이럴진대 60kg이나 나가는 나는 어떤 인연에 의해 생겨났을까.

보일,
샤를의 법칙

고등학교 시절 화학 수업시간에 보리쌀의 법칙이라며 낄낄 대던 그때가 그립다.

아시다시피 보일은 기체는 누르면 부피가 누르는 힘의 크기에 반비례해서 줄어든다는 것을 발견했고, 샤를은 기체가 열 받으면 열 받은 만큼 비례해서 부피가 늘어난다는 것을 발견했다. 그걸 수치화해서 만든 게 법칙이 되었다.

보일의 법칙(Boyle's law)부터 살펴보자. 처음 얼마간은 압력에 반비례하는 비율이 거의 정확했는데 압력이 커질수록 반비례 비율이 맞지 않는다. 즉, 덜 줄어든 것이다. 부피가 줄어들수록 분자들 간의 거리가 작아지므로 서로 밀어내려고 분자 운동이 활발히 일어나기 때문이다. 그래서 열이 발생하는 것이다. 이 열을 빼주면 물론 부피가 더 줄어들 것이다. 그래서 샤를이 온도와의 관계를 조사해 보니 1℃씩 오를 때마다 기체의 부피가 1/273씩 커지고 1℃씩 내릴 때마다 기체의 부피가 1/273씩 줄어드는 재미있는 현상을 발견했다. 이에 법칙을 만들어 이름을 붙이니 샤를의 법칙(Charle's law)이 된 것이다. 샤를의 법칙도 온도가 올라갈수록, 또는 내려갈수록 딱딱 정확하게 비례하지는 않았다. 이것이 분자가 실재하고 있다는 증거다. 그런데도 이 두 법칙은 딱딱 맞는 기체를 이상(理想) 기체(Ideal gas)라고 가정하고 논리를 전개했다. 그런데 샤를의 법칙대로 1/273씩 부피가 줄어들면 -273℃(절대영도: 정확하게는 -273.16℃)에서는 부피가 0이 된다. 실제로는 이 온도에 도달하기 전에 액체나 고체가 되어버리므로 부피가 0이 되지 않는다. 이것도 분자가 실재하기 때문이다. 켈빈은 이러한 온도를 정의하여 -273℃를 0℃로 하고 여기에다 K를 붙여 0°K라 하고 물이 어는 0℃는 273°K, 물이 끓는 100℃는 373°K라고 정의했다.

이 온도는 참으로 중요한 의미가 있다. 온도의 하한선이 생긴 것이다. 즉, -273.16℃ 이하는 존재할 수 없다는 것이다. 반면, 온도의 상한선은 끝이 없다고 한다. 온도가 높을수록 분자나 원자가 그것에 상응하게 운동을 해주면 되니까 그렇다.

-273.16℃가 되면 부피가 0이 된다는 것은 무엇을 의미하는가. 이는 공간이 사라진다는 의미다. 물질이 없어진다는 것이다. 지금까지 인류는 헬륨(He)을 이용하여 -270℃(?) 근방까지 갔지만 0°K는 얻을 수가 없었다. 현대물리학에서는 0°K에서도 원자의 운동은 정지하지 않기 때문에 원자는 없어지지 않는다고 한다. 하이젠베르크의 불확정성 원리에 따라 위치를

알면 운동량을 모르고, 운동량을 재면 위치를 알 수 없다. 만약 원자가 정지하면 운동량이 무한대가 되기 때문에 그런 일이 일어날 수 없다고 한다.

무슨 말인지 모르겠다. 원자가 운동을 정지하면 원자가 없어져 버리는 것이 아닌가. 이는 운동량, 즉 에너지가 무한대로 생긴다는 뜻이고 그 에너지만 흡수해 주면 물질은 없어져 버린다고 볼 수 있다. 이 부분에서 아인슈타인의 $E=mc^2$ 또한 증명된다. 실제로 원자탄의 원리도 소실된 질량이 에너지로 둔갑하는 것이다. 반대로 에너지가 있으면 질량, 즉 물질이 생긴다. 태초[빅뱅(Big bang)과 빅뱅 이전의 상태의 비밀이 여기에 있지 않을까.

아인슈타인의 원리를 다시 한번 음미해 보자. m이 다 없어지면 에너지로 다 나오는 것은 c^2가 있기 때문이다. 만약 c^2가 0이 되면 질량이 아무리 크더라도 E 또한 0이 된다. 이것은 뉴턴의 제2 법칙인 F=ma와도 똑같다. a가 0이면 m이 아무리 커도 일이 일어나지 않는다. 즉, 돌덩이가 있어도 누가 던지지 않으면 돌은 그 자리에 있고 내 머리도 깨지지 않는다. 문제는 움직임이다. 즉, 속도다. c^2, a는 다 속도다. 움직이지 않으면 에너지도 나오지 않고 일도 일어나지 않는다. 일순간에 원자나 분자가 움직이지 않으면 물질은 사라진다. 그곳에는 시간도, 공간도 다 사라진다. 원자, 즉 양자와 전자를 일순간에 정지시키면, 아니 어떤 소립자든, 미립자든, 심지어 빛이든,

암흑물질이든 다 정지시킬 수만 있다면 아무것도 존재할 수 없다. 그러므로 존재는 움직임, 즉 운동이다. 춤추는 것이다. 어떻게 하면 이를 정지시킬 수 있을까.

입자가속기

　물리학자들은 유럽(스위스 제네바와 프랑스 국경 사이) 어디에 지상 최대의 입자가속기를 만들어놓고 여러 가지 실험을 하고 있다. 지난번에는 두 입자를 충돌시키면 충돌 순간 속도가 0이 되고 온도는 -273.16℃가 되어 결국 빅뱅의 순간이 재연되어 극미량의 블랙홀이 생긴다는 의견이 있었다. 블랙홀의 흡입력은 대단하므로 극미량이라도 바로 주위의 모든 입자를 빨아들이기 시작하여 점점 큰 블랙홀이 되어 지구의 멸망까지 가져올 수 있다고 우려하는 과학자가 있었다. 그러나 실험 결과 실제로 그와 같은 일은 일어나지 않았다. 실제로는 측정이 불가능하고 실제 블랙홀이 생겼다 하더라도 순식간에 사라졌을 거라고 했다. 속도가 0이 되고 물질이 사라졌는데 무엇으로 측정한단 말인가. -273.16℃는 측정할 수 없는 온도다. 그렇게 온도를 내릴 수도 없다. 온도가 내려가면 원자가 -273.16℃가 되는 순간 사라질 텐데 무엇으로 온도를 내리며 무엇으로 잴단 말인가.

물리학자 중에서는 현재로선 절대 0°K를 만들 수 없으니 이론적으로만 인정하고 그것을 얻을 수 있는 유일한 방법과 순간은 두 입자가 충돌하여 속도 0이 되는 순간뿐이라고 말하는 사람도 있다. 얼마 전 신문에 유럽 입자물리연구소(CERN)에서 지금까지의 과학지식으로는 이해할 수 없는 새로운 입자가 검출됐으며, 이를 어떻게 설명해야 할지 몰라 떠들썩하다는 기사가 실렸다. 공식적인 확인은 6월쯤 가능할 것이라고 한다. 현대물리학이 발견한 현재까지의 우주 만물 구성 입자는 총 17개였는데, 이번에 또 새로운 것이 발견되었으니 의견이 분분할 수밖에 없다.

그러나 아인슈타인의 그 유명한 공식으로 보면 너무 당연한 것이 아닌가 싶다. $E=mc^2$. c^2는 상수이므로 제쳐놓고, E가 m이 되고 m이 E가 되는 것은 원자폭탄, 수소폭탄이 증명해 줬고 그걸 이용해 원자력 발전소도 지어 전기를 만들어 쓰고 있지 않은가.

입자가속기에서 입자의 속도를 점점 올리면 속도가 클수록 운동 E도 점점 커질 것이고 그런 두 입자가 부딪히면 순간적으로 정지되고 순간적으로 질량이 사라지며 에너지는 무한대가 될 것이다. 그리고 그 에너지가 흩어지는 속도보다 재결합하는 속도가 더 빠르면 곧 물질이 생기게 될 것이다. 그러므로 입자를 세게 가속할수록 더 큰 새 입자가 생길 가능성이 높은 것이다.

앞으로도 그 입자가속기에서 가속 상태에 따라 틀림없이 수없이 많은 새 입자가 생길 것이다. 그리고 그때마다 물리학자들은 해석하느라 바쁠 것이다.

아인슈타인이 입자가속기가 없어서 $E=mc^2$을 못 만든 것도 아니다. 가속기가 없다고 '가속기만 있으면 우리도 할 텐데.'라고 생각하지 말고, 아인슈타인의 말처럼 상상을 해서 새 입자를 예측하고 설명해 보는 것도 재미있지 않겠냐는 생각을 해본다.

틴달효과와
브라운 운동

어릴 때 산골에서 쇠죽을 끓이느라 부엌에서 불을 때면 연기가 자욱하게 일어났다. 그때 금 간 흙담 틈으로 햇빛 한줄기가 들어오면 연기가 움직이는 게 눈에 보였다. 이걸 틴달효과(Tyndall effect)라고 한다. 그땐 그저 재미있게 움직임을 구경했는데 이 현상을 콜로이드 용액을 관찰하는 데 써먹을 줄은 몰랐다.

콜로이드 용액의 용질(사실은 분산질, 즉 콜로이드 입자 또는 콜로이드 알맹이)은 아무리 오래 두어도 가라앉지 않는다. 즉, 중력의 영향을 받지 않는다. 분명 입자인데 왜 가라앉지 않을까? 그것은 용매(사실은 분산매, 즉 콜로이드 알맹이를 분산시켜놓은 액체)때문이다. 콜로이드 용액에 한 줄기 빛을 비추고 현미경으로 관찰하면, 콜로이드 입자가 이리 가고 저리 가고 제마음대로 가고 있는 것을 볼 수 있다. 이는 우리가 전혀 예측할 수 없다. 그냥 가는 것만 볼 수 있을 뿐이다. 그리고 사실은 콜로이드 입자가 제 마음대로 가는 것도 아니다. 딱히 가고 싶은 곳도 없겠지만, 딱히 가고 싶은 곳이 있다고 해도 마음대로 갈 수 없다. 분산매 분자가 발로 차고, 옆에 있는 콜로이드 입자가 밀기도 하고, 당기기도 하고, 당하고 있는 이 콜로이드 입자도 성질이 나서 반발하고, 그러다 보니 이리 비틀 저리 비틀 끝없이 돌아다닌다. 마치 내가 끝없이 윤회하는 것과 다를 바 없을 것이다.

이러한 운동 현상을 브라운 운동(Brownian motion)이라고 한다. 브라운이라는 사람이 이런 현상을 관찰하고 자기 이름을 붙여서 지은 것이다. 서로 작용하는 에너지의 상호교환 현상으로 용액이 얼지 않는 한 그 현상은 끝없이 일어난다. 개개의 입자는 상호작용하기 때문에 한 입자가 자기의 의지만으로 어떻게 해볼 수 없는 현상을 '공업'이라고 한다.

입자를 사람으로 바꾸어보면 똑같은 이치다.

불교에서는 살아가면서 개개인이 짓는 자기의 업이 있고 함께 살아가면서 같이 짓는 공업(公業)이 있다고 설명한다. 자기의 업은 어느 정도 자기가 통제할 수 있지만, 공업은 자기 마음대로 통제할 수 없다. 마치 한 그릇의 콜로이드 용액 속에서 어떤 한 입자는 이리저리 부대껴야 존재하고 태풍 속의 물한 방울도 그냥 같이 움직이며 같이 태풍이 될 수밖에 없는 것처럼 말이다.

휘천인

(輝天人)

내가 어렸던 시절인 1950년~1965년경에는 배고픈 사람이 많았었다. 못 먹어서 영양실조에 걸린 사람이 많았다. 그래서 그런지 휘치-인에 홀린 사람에 대한 이야기를 자주 들었다. 지금도 고향에 가면 휘치-인이라고 하는데 내가 가만히 생각해 보니 휘천인[輝天人: 여기서 휘는 빛날 휘(輝) 자다.]이라고 누가 지었을 것 같은데 사투리로 발음되다 보니 휘치-인으로 들리고 전해져 온 것 같다.

다른 고장에도 비슷한 얘기가 있는지는 모르겠다. 내 고향에서 전해지는 휘천인에 대해 들은 대로 이야기하면 이렇다. 주로 밤에 자정이 다 되어 갈 무렵에 길을 걷다 보면 갑자기 빛이 훤하게 비치며 흰옷을 입은 사람 같은 물체가 나타나 따라오라고 손짓한다. 그러면 이때부터 홀려서 아무 생각 없이 휘천인을 따라가게 된다고 한다. 휘천인에 홀려서 가는 사람을 제삼자가 관찰해서 들려주는 이야기는 더 황당하다. 그렇게 홀린 사람은 가는 길에 가시덤불이 나타나도 그냥 통과

하고, 개울이나 강을 만나도 그냥 걸어간단다. 물론 빠지지도 않고. 밤새 홀려서 따라가다가 새벽녘 닭 우는 소리에 정신이 퍼뜩 들어 살펴보면 휘천인은 간데없고 물에 젖었는지, 땀에 젖었는지 초라한 몰골을 한 자신을 보게 된단다. 정신을 가다듬고 길을 달려 아는 길에 도달하면 다행이다. 모르는 길이면 길을 헤매다가 날이 새고 사람을 만나면 물어서 겨우 집에 찾아오는데, 때로는 집에서 수십 리 떨어진 곳에서 발견된 사람도 있다고 한다. 현대 의학의 관점에서 보면 못 먹고 쇠약해져서 경험하는 환시(幻視), 환청(幻聽)이라고 하겠지만 현대물리학에서 보면 말도 안 되는 황당무계한 이야기라고 하겠다. 어떻게 사람이 중력을 벗어날 수가 있을 것인가. 물 위를 걸어 다니고 가시덤불도 나비처럼 지나갈 수 있을 것인가.

그러나 나는 이 이야기가 실제일 수도 있다고 믿는다. 지금은 가상현실, 증강현실, 레이저 쇼로도 사람을 홀릴 수도 있는 시대가 되었다. 환상에 홀리는 것이 비슷한 현상이지 뭐가 다른가.

직접 본
황당한 진실

내 나이 6~7세 무렵, 인근 동네 평촌에 돌이라는 별명을 가진 효자가 살고 있었다. 가끔 무슨 볼일이 있는지 우리 동네 앞을 지나가기도 했다. 이 사람에 대한 이야기는 그 당시 우리 동네에 꽤 알려져 있었고 어른들의 하는 얘기에 의하면 이 사람은 하늘이 알아주는 효자라서 밤마다 초저녁에는 호랑이가 와서 업고는 마주 보이는 김해 무척산으로 데려가서 밤새 도를 닦는 새벽녘에 다시 그 호랑이 등을 타고 집에 온다고 소문이 나 있었다. 그뿐만 아니라 밥도 먹지 않고, 배가 고프면 하늘을 향해 뭐라고 중얼중얼 주문을 외면 하늘에서 콩알 크기의 까만 무엇이 떨어져 그걸 몇 알 먹고 살아간다고 했다.

초여름 어느 날, 그 효자가 우리 동네 어귀로 들어섰다. 마침 마당에는 동네 어른들이 많이 모여 잡담을 하고 있었다. 형님뻘들과 삼촌 친구들과 아버지의 친구들, 그리고 우리 또래들까지 해서 20여 명이나 되었다. 소문만 듣고 궁금하던 차에 마침 본인이 왔으니 어른들이 가만있을 리 없었다.

어른들은 그 효자를 불러 세워 주문을 외어 보라고 재촉했다. 그 사람은 어린 내가 보기에도 약간 모자란 듯이 보였다. 그 사람 얘기가 나오면 아주머니들은 대뜸 "그 사람은 축구 바보야[축구는 축귀의 사투리다. 가축 축(畜), 귀신 귀(鬼)자다.]."라고 했을 정도다. 그는 어른들이 재촉을 해대니 계면쩍게 씩 웃고는 -정말 영락없는 바보 같아 보였다. 순진무구하다는 표현은 지금의 내가 하는 생각일 뿐이다- 마지 못해 하늘을 바라보고 뭐라고 잠깐 -한 30초쯤 될까- 중얼중얼했는데 갑자기 하늘에서 새카만 콩 같은 게 우두둑 떨어졌다. 한 30~40알 정도 떨어진 것 같았다. 몇 알을 그 사람이 주워 먹었다. 주위를 둘러보니 여기저기 땅바닥이나 거름더미에 떨어진 것도 있었고, 그중의 몇 알은 몇 사람이 주워서 손바닥에 올려놓고는 살펴보고 깨보기도 했다. 꼭 염소 똥같이 생겼는데 뜨거워서 -실제로 김이 모락모락 나는 게 모든 사람의 눈에 보였다- 손바닥 위에 오래 놓을 수가 없었다. "어, 뜨거워!" 하면서 털어버리는 사람도 있고 식혀서 맛을 보는 사람도 있었다. "이게 무슨 맛이야! 아무 맛도 없구먼." 하고 퉤 뱉어버리는 사람도 있었다.

그 효자는 사람들의 궁금증을 확인시켜 주고는 씩 웃은 뒤에 고개를 꾸벅이며 인사하고 시적시적 다음 동네로 갔다. 모든 사람이 궁금해하고 신기해했지만 알 수는 없었다. 그저

'효자를 저 하늘이 먹여 살리려고 하나 보다.'라고 다들 생각할 뿐이었다. 그 사람이 떠나고 나서 보니 곧 떨어져 있었던 그 이상한 물체들이 연기처럼 사라지고 없어졌다.

어릴 때 본 그 이상한 현상을 자라면서 다 잊어버리고 살아왔는데 나이가 들면서 가끔 생각이 들기 시작했다. 그래서 더 늙기 전에, 목격한 사람들이 없어지기 전에 한번 확인하고 싶어 고향에 가서 친구들을 만나봤다. 아버지뻘과 삼촌뻘 되는 분들은 세상에 거의 안 계시고, 형님뻘 되는 분들은 객지에 가서 살고 있어 만날 수도 없었다. 그러던 중 마침 마산에서 날 만나러 온 친구, 동네에 사는 친구를 -둘 다 나보다 한 살 아래지만- 만날 수 있었다. 내가 이 이야기를 꺼내니 다들 어제 일처럼 생생하게 이야기했다. 더구나 나보다 세 살 위의 친구는 더 잘 알고 있었다. 이 친구의 이야기에 의하면 그 효자는 자기 집안의 사람이란다. 함안 조씨고 자기 아버지를 가끔 찾아뵈었다고 했다. 자기 아버지 -동네에서 오암 어른이라고 했다- 앞에서도 그 이상한 현상을 해 보라고 하면 해서 보여주고 몇 알씩 먹고는 했다는 것이다. 그리고 그것만 먹고 사는 것도 아니고 밥도 정상적으로 보통 사람같이 먹었다고 한다. 호랑이 타고 다닌다는 이야기는 사람들이 지어낸 거짓말이었다(사실 그때가 1949~1950년경이었으니 우리나라에 호랑이가 한 마리도 없을 때였다). 효자상을 받기는 했지만, 남들이 생각하는 만큼 그렇게 효자 노릇을 한 것도 없었단다.

그 당시에는 부모 중 한 분이라도 장수하면 부모 잘 섬긴 효자라고(워낙 먹는 게 부족하던 시절이었다. 나는 이런 이야기도 들은 적이 있다. 어떤 부모가 흉년이 들었는데도 살이 찌고 혈색이 좋아 누가 그 아들에게 물었단다. 뭘 어떻게 잘 자시게 했길래 저렇게 건강하시냐고. 그랬더니 그 자식이 하는 말이 이러했다. "뭐 먹을 게 있어야 드리지요. 배는 고프다고 하시고 드릴 것은 없어 쥐를 잡아 드렸더니 그걸 잡숫고 허기를 면해 겨우 살아가시는걸요." 이웃 사람이 그 이야기를 듣고는 "예끼! 이 불효막심한 놈아. 아비에게 쥐를 잡아 먹이다니!" 하고 나무랐단다. 효자일까 불효자일까. 생각하는 사람 나름일 것이다.) 나라에서 상을 주었다. 그 상을 받으면 경위야 어쨌든 효자로 인정하고 소문이 났다. 친구에게 그럼 어떻게 해서 그가 그러한 신통력을 얻게 되었나 하고 물었더니 그 친구 이야기에 의하면 그 경위는 이러했다. 어느 날 그 효자가 읍내에 있는 군청에 가서 효자상을 받고 술대접도 받았단다. 해가 저물도록 효자상을 받은 사람들끼리 주거니 받거니 하면서 취하도록 마시고 헤어져 집으로 돌아오는 도중에 푹실이라는 동네를 지나서 무인지경으로 들어섰는데 갑자기 휘천인이 나타나더니 자길 따라오라면서 손을 흔들더란다. 그 효자가 단박에 홀려서 밤새도록 휘천인을 따라 다니다가 -휘천인한테 홀린 사람들의 공통적인 얘기가 훤하게 길을 밝히며 따라오라고 하고, 다른 말도 없고 계속 가기만 하는데 따라잡을 수도 없이 항상 일정한 거리를 유지하면서 앞서간다는 것이다.

결국, 자기의 의지와는 상관없이 그냥 따라가기만 하는 것이란다. 이는 육식(六識)이 끊어지고 칠식, 즉 잠재의식만으로 행동한 것이다. 그러니까 물 위를 걷고 가시덤불도 넘을 수 있는 것이다. 자기 눈에는 오직 환한 길만 보인다는 것이다- 새벽녘 닭 우는 소리에 정신이 퍼뜩 들어(칠식에서 육식으로 돌아온 것이다) 주위를 살펴보니 생판 낯선 곳이라 물어물어 집에 왔단다. 그때부터 남이 보기에 정신이 반쯤 나가 보이고 이상한 행동을 하게 됐다고 한다. 그 효자한테 하늘에서 누가 그 같은 것을 던져주는지 물어보면 우리들 눈에는 보이지 않지만 실은 그 휘천인이 던져주는 것이라고 대답했다. 어릴 때 보았던 그 신기했던 일화는 65년도 더 지나서 다시 친구들에게 확인해 보니 내가 헛봤던 것은 아니라고 다시금 생각하게 되었다. 확실한 사실이었다. 물론 집단최면에 걸린 것이 아니냐고 누가 따지면 할 말은 없다. 그러나 우리 모두가 보았던 것만은 틀림없었다. 그 효자는 그 후 5~6년을 더 살다가 죽었단다. 전해오는 이야기에 의하면 <법성게>를 지으신 의상대사는 선녀들이 하늘 음식을 가지고 내려와서 공양하는 것을 드셨다고 한다. 현대의 일반 과학으로는 황당무계하지만, $E=mc^2$에서 E를 에너지가 아니고 마음(心)으로 바꾸면 가능할 수도 있다고 생각해 볼 수도 있다. 마음도 에너지가 아닌가. 마음은 움직이니까.

眞性甚心極微妙　不守自性隨緣成(진성심심극미묘　불수자성수연
성)

　속초에 포켓몬(Pokemon)이 떴다고 스마트폰 들고 포켓몬을
잡으러 다닌다고 사람들이 난리다. 이 포켓몬은 보통 사람 눈
에는 안 보인다. 옛날 사람에게 지금 이 이야기를 하면 무슨
귀신 씨나락 까먹는 소리냐고 할 것이다. 마찬가지 아닐까.
지금 사람(애들)에게 내가 휘천인 이야기를 하면 자기들 눈에
안 보인다고 귀신 씨나락 까먹는 소리라고 할 것이다. 뭐가
다른가. 둘의 사건이.

우주는
얼마나 클까

아인슈타인은 말했다. "우주는 끝이 없다. 그러나 한계는 있다." 많은 천문학자, 우주 물리학자들이 아직도 확실한 답을 못 내놓은 아리송한 말씀이다.

우주의 크기는 천체 망원경에 잡히는 빛의 스펙트럼 분석 외에는 달리 밝힐 방법이 없어서 알 수도 없다. 빅뱅이 일어난 지 137억 2000만 년이 지났다고 한다. 이 시간도 빛을 분석해 얻은 결과이다. 어떤 이는 1조 년 후에는 모든 별이 다 멀어져 가서 지구에서는 어떤 별빛도 관측할 수 없게 된다고 주장한다. 이것도 빛의 속도를 재서 추정한 것이다. 빛이 137억 2000만 년 동안 달린 공간이 현재 우리가 알고 있는 우주일 뿐이지, 그 너머의 형편이 어떤지는 아무도 모른다. 빛이 137억 2000만 년 동안 달린 우주의 크기는 얼마나 될까. 계산하면 다음과 같다.

137억 2000만 년×365일×24시간×60분×60초×30만㎞

$=1,372 \times 10^{10} \times 3,65 \times 10^{2} \times 2.4 \times 10^{1} \times 3.6 \times 10^{3} \times 3 \times 10^{5} \text{km} = 4.326739$
$\times 10^{17} \times 3 \times 10^{5} = 1,298022 \times 10^{22} \text{km}$

빅뱅 후의 시간은 겨우 $4,32679 \times 10^{17}$초밖에 안 되고 빛이 초속 30만km를 달린다니 3에 10^{5}km를 곱해주면 $1,298,022 \times 10^{22}$km를 달린 것이다. 이것이 현재 보이는 우주의 반지름이 된다. 만약 우주가 구체라면 원의 부피 공식으로 $\frac{4}{3}\pi r^{3}$을 대입하면 $4/3 \times 3.14 \times (1.3 \times 10^{22})^{3} = 9.2 \times 10^{66} \text{km}^{3}$가 된다. 별로 크지도 않은 이 속에 대은하계 3,000억 개가 있고 한 대은하계 안에 소은하계 3,000억 개가 있고 한 소은하계에 3,000억 개의 별이 있다니 장관이다.

빅뱅 후 지금까지 지나온 시간의 10배가 더 지나면, 즉 1372억 년 후에야 겨우 $9.2 \times 10^{67} \text{km}^{3}$가 될 것이다. 그러니 몇 천 억겁을 지나야 $9.2 \times 10^{100} \text{km}^{3}$가 될까. 또 그 이후는? 또 그 너머는?

우주가
있기는 한가

우주의 크기, 빅뱅의 시간 모두 빛이 있기 때문에 계산할 수 있는 것들이다. 그런데 만약 우리가 빅뱅의 순간 번쩍이는 빛의 등에 올라타서 빛과 더불어 빛의 속도로 달려간다면 우주의 공간이 보일까? 아니면 아무것도 없는 시커먼 공간만 나타날까? 그도 아니면 찬란한 별이 끝없이 펼쳐진 공간이 나타날까? 아인슈타인은 일반상대성 원리에서 빛보다 빠른 것은 없다고 했다. 빛과 같은 등속도에서는 시간은 0이 되고 길이도 0이 된다고 했다.

빛에 올라타서 빛과 등 속도로 달리는 나에게는 시간도 없고 길이가 없으니 당연히 공간도 없다. 공간이 없으니 우주도 없고 나도 없어지는 게 될 것이다.

클레오파트라의
양치질 물이 1.8L라면?

나는 가끔 싱거운 소리를 해서 아내로부터 타박을 맞곤 한다. 한번은 점심을 먹고 물을 마시다가 이런 말을 한 적이 있다.

"지금 내가 마시는 이 물속에 클레오파트라가 양치질하고 뱉은 물이 섞여 있을지도 몰라. 그 물이 섞여 있다고 생각하면 기분이 묘한데."

"말이 되는 소리를 해. 그 사람이 언제 사람인데. 양치질 물이 얼만데. 말 같지도 않은 소리 그만하고 얼른 물 마시고 일어나."

"가능성이 얼마인지 내가 계산해서 보여주지. 클레오파트라가 B.C 48년에 시저와 연애를 했어. 그러니까 지금으로부터 2064(2016+48)년 전이고 이 세월을 초로 환산하면 6.5×10^{10}초, 약 650억 초야. 양치질할 때마다 물을 대략 1.8L 정도 썼다면 이 속에 든 물의 분자 수는 $6,0238 \times 10^{25}$개지 (1.8L=1,800g=18g×100이고, 18g=$6,0238 \times 10^{23}$이므로 100배면 $6,0238 \times 10^{25}$). 이 물 분자가 나일강에서 뿔뿔이 헤어진다고 가정하면 대략 1초에 10^{15}(1천조 분자)씩 흩어지므로 2064년이 지난 지금쯤이면 내가 들고 있는 이 물컵 속에 한 분자쯤 들어 있을 가능성이 있을 수도 있지. 내 말 알아듣겠어?"

"무슨 귀신 씨나락 까먹는 소린지 모르겠으니 저리 가서 할 일이나 하셔."

사실 숫자로만 따져서 그럴 수 있다는 것이지, 클레오파트라를 떠난 물이 곧바로 그 물은 아니다. 왜냐하면, 물 분자는 잠시도 가만히 있지 않기 때문이다. 이 분자, 저 분자끼리 수소 결합을 했다가 금방 풀어버리고는 또 딴 분자끼리 붙었다 떨어지기를 한없이 계속한다. 수소 결합뿐이랴. 옷(전자)을 벗어서 옆 분자에게 주었다가 도로 뺏어 입기를 쉴 없이 한다. 우리 눈에는 그저 가만히 있는 듯이 보이지만, 실상 분자의 세계에서는 끊임없이 움직임이 일어나고 있다. 즉, 평형상태라고 해서 평형을 그냥 유지하는 게 아니라 변화를 하면서 평형을 유지하는 것이다. 물 1몰(㏖) 18g에는 물 분자가 $6,0238 \times 10^{23}$개가 있다. 이것이 얼마나 대단한 숫자인지 계산해보면 우주가 137억 2000만 년 전에 생겼다고 하는데, 이 기간을 초로 환산하면 4.32679×10^{17}초다. 그때부터 어떤 물 분자 하나가 1초에 100만 개(10^6)씩 친구들을 만나고 왔다면, 아직 4.32679×10^{23}개 밖에 못 만났을 시간이다. 그러니까 아직도 137억 2000만 년의 6.0/4.3년만큼 더 있어야 다 만날 수 있는 것이다. 즉, 앞으로 38억 8천 7백만 년을 더 만나러 다녀야 겨우 다 만날 수 있다. 1초에 100만 개씩 137억 2000만 년을 만나고 다녀도 물 18g의 4.3/6, 즉 12.9g밖에 못 만났다. 그러니 내 몸속의 45~50kg의 물은 언제까지 세어야 다 세어볼 수 있을까.

산다는 것은 l

　우리 속담에 "물에 빠진 놈 건져 놓으니 내 보따리 내놓으란다."라는 말이 있다. 이 말은 배은망덕한 사람을 지칭할 때 주로 쓴다. 그러나 달리 생각해 보면 먹고 살아가는 게 쉬운 일이 아니다. 살아있으면 살아갈 게 걱정이다. 죽어버리면 어쩔 수 없다. 그러나 살아났으면 보따리가 있어야 한다. 물론 건져준 사람 입장에서는 황당하기 이를 데 없다. 그러니까 이 속담은 건져 준 사람이 만든 속담이다.

　덕분에 살아난 사람은 살았다는 안도감을 느낌과 동시에 잃어버린 재물이 아깝고 살아갈 걱정이 생기기 시작할 것이다. 삶과 죽음은 이처럼 우리의 의식을 간사하게 만든다. 우리는 지금 핵폭탄을 머리에 이고 살아간다. 언제 발사 스위치를 누를지 모르는 한 사람의 마음을 눈치 보면서 살아가고 있다. 핵폭탄이 고의적이든, 우발적이든 서울에 떨어지면 절반쯤은 즉사할 것이고 절반쯤은 사는 게 죽는 것보다 괴로운 고통 속에서 시름시름 죽어 갈 것이다. 제2차 세계대전 때를 생각해 보자. 히틀러, 무솔리니. 도조 히데키라는 세 망상자에 의해 수천만 명이 죽고 온 세계가 혼란과 곤란에 빠져 오랫동안 허우적대지 않았던가. 그런 일은 다시는 일어나지 말아야겠지만, 그렇다고 해서 일어나지 않는다는 법은 없다. 권력을 가진 인간이 망상에 빠지면 언제나 일어날 수 있는 일이다.

죽고 사는 게 어디 전쟁만인가. 지진, 해일, 기타 수없는 사고에서 사람 목숨이 파리 목숨보다 더 쉽게 끝날 수도 있음을 우리는 매일 TV를 통해서 보고 듣는다. 그래도 우리 각자는 모두가 '나는 예외이다.' '나는 아닐 거다.'라고 생각하며 살아간다. 만약 그렇게 죽어가는 사람에게 물어보면 누구도 "내가 이럴 줄 알았다."고 말하는 사람은 없을 것이다. "나에게 이런 일이 닥칠지 꿈에도 몰랐다."고 할 것이다. 우리는 그래도 정말 위대한 존재다. 언제 죽을지 모르지만, 지금은 아니라는 확신으로 현재에 최선을 다해 열심히 일하고 공부하고, 싸우고, 불평하고, 이기적으로 살아가고 있다. 장하도다, 우리 인간. 그래서 역사는 이어져 오고 또 이어져 간다. 우리에겐 각자 나름대로 꿈과 희망이 있다. 꿈과 희망을 좇아 그것이 이루어지면 행복이 이루어진다고 생각한다. 그래서 발바닥이 부르트도록 뛰고 또 뛰고, 숨이 턱까지 차도록 헐떡이며 뛰고 있다. 정말 훌륭한 일이다. 그래야 무언가 이루어진다. 우리 모두 그렇게 열심히 뛰어 꿈과 희망을 이루자.

그런데 그렇게 해서 소기의 목적을 달성하면 나름대로 성공한 인생이라고 자화자찬할 수도 있는 반면에, 불행하게도 힘에 부쳐 쓰러지거나 전쟁, 지진, 사고 등에 의해 죽어버리면 너무 허무할 것이다. 한 번도 행복한 마음을 느껴보지 못하고 인생이 아주 가버린다고 생각하면 그것보다 허망한 일이 또 있을까.

나는 통닭을 먹을 때마다 「봄봄」의 작가 김유정을 생각한다. 그래도 나는 지금 그분이 그토록 갈망하면서도 먹어보지 못했던 이 통닭을 마음껏 먹을 수 있으니 참으로 좋은 시대에 태어난 것을 감사하게 생각한다. 김유정 선생은 젊은 나이에 폐병에 걸려 요절한 아까운 인물이다. 폐병 말기에 찾아온 친구에게 닭 세 마리만 고아 먹으면 툭툭 털고 일어날 것 같다고 했다고 한다. 퀭한 눈으로 친구에게 말했을 그를 생각하면 가슴이 저린다. 그 이야기를 들은 친구도 형편이 같았는지, 닭 세 마리를 구해줬다는 이야기도 없다. 김유정은 그 말을 한 후 한 달도 안 되어 저세상으로 가버렸다고 한다. 얼마나 속이 허했으면, 얼마나 단백질이 부족해서 면역물질을 만들어 낼 수 없다고 몸이 신호를 보냈으면 그런 말이 나왔을까. 얼마나 가난하고 형편이 어려웠으면 닭 세 마리 살 돈이 없었을까. 예나 지금이나 글만 써서 살아가기는 힘든 게 사실이다. 김유정 선생 스스로도 그랬다. "한번 저지르기가 힘들지, 한번 발을 들여놓으면 그다음은 얼마든지 할 수 있다."

그는 쓰고 싶지 않은 통속 소설을 쓰면서, 자기변명의 말을 늘어놓았다고 한다. 왜 그랬을까. 돈이 필요해서, 살아가기 위해서겠지. 그랬는데도 닭 세 마리 살 돈이 없었다니. 나는 글쟁이가 아니라도 눈물이 난다. 슬픈 마음이 들면서도 통닭을 마음껏 먹고 있는 내가 그 점에서는 김유정 선생보다 행복하게 살고 있다는 것을 느낀다.

김유정 선생. 다시 태어난 그곳에서는 마음껏 드시고 사시겠지요. 꼭 그럴 겁니다.

하나님과 법성(法性)

야훼라는 히브리어가 우리 말로 하나를 뜻하는지 나는 모른다. 현재의 이스라엘 사람들이 알고 있는 야훼와 천지 창조를 처음 본 선지자가 말한 야훼의 의미가 같은지도 모른다.

하나님은 절대자이고, 오직 한 분이시며 천지창조를 하신 분이다. '님' 자는 우리가 존경의 의미로 붙이는 접미사이지 전체 단어에 포함된 것은 아니다. 그러므로 나는 하나님은 하나로 표기하고 부처님은 부처로 표기하고자 한다.

먼저 하나에 대해 생각해 보고자 한다. 하나는 다른 어떤 것도 배제된 순수함을 의미한다. 하나에는 오직 하나만 존재할 뿐이다. 또한, 하나 속에는 전체가 다 함축되어있음을 의미하기도 한다.

야훼의 원뜻은 '나는 있는 나다.'라는 뜻의 고유 명사였다고 한다. 그러므로 존재를 의미하지 형상을 의미한다고 볼 수는 없다. 오직 하나의 존재, 유일한 존재다. 이 하나를 알고 본 선지자는 천지창조 후 인간이 태어난 지 한참이 지나 말과 글을 아는 사람의 시대에 태어났음이 분명하다. 어떻게 알수 있었을까. 지극한 기도에 의해 알고 보았을 것이다.

중국의 도가 사상의 선지자인 노자와 장자가 말한 천지개벽도 무극(無極: 오직 하나의 그 무엇)에서 태극이 되고 음양이 생겨나서 우주 삼라만상이 된다고 하고, 인도의 선지자(부처) 고타마 싯다르타가 설한 『화엄경』의 세계도 법(그 어떤 하나)에서 우주 삼라만상이 생겼다고 한다. 나중에 의상대사가 지은 『화엄경』의 요약본이라 할 수 있는 〈법성게〉에 대한 이야기를 통해 하나에 대해서 따로 논하고자 한다.

이스라엘의 선지자나 중국의 선지자나 인도의 선지자가 본 천지창조의 출발은 그 어떤 하나에서 시작된다고 했으니, 이는 매우 신기하고 탄복할만한 일이며 확실히 믿어도 된다는 생각이 든다.

그리고 이는 현대 천체물리학의 빅뱅 이론과도 일치한다고 볼 수 있다. 하나에서 출발해서 이루어지는 천지창조의 모습이 조금씩 다르게 표현된 것은 각 선지자의 언어와 문화 차이에서 오는 것이라고 보면 표현의 차이이지, 견해의 차이가 아니라는 생각이 든다.

나는 먼저 이스라엘의 선지자가 본 야훼의 천지창조를 살펴보고 인도의 선지자가 본 천지창조는 뒤에 살펴보려고 한다. 중국의 선지자가 본 천지창조는 둘과 큰 차이가 없으므로 생략한다.

제2부

야훼의
천지창조

야훼의 천지창조

야훼(나는 있는 나다)는 태초 이전에도 있었고, 지금도 있고, 끝없는 미래에도 있을 것이다.

〈창세기〉 1장 1절에서 "태초에 하나님이 천지를 창조하시니라."라고 했다. 태초가 언제였는지는 모르지만, 하나님은 분명 그 이전에 존재했다고 볼 수 있다. 왜냐하면, 태초를 만드신 분이니까.

그리고 앞에서도 언급했지만, 이 태초의 순간에 하나님이 천지창조를 하시는 모습을 나중의 어떤 선지자가 보고 기록했다고 볼 수 있다. 왜냐하면, 〈창세기〉 전부를 읽어 봐도 하나님께서 직접 화법으로 "내가 이렇게 만들었느니라." 하고 누구에게 얘기해 준 것은 없다. 혹은 직접 기록했거나 녹음하신 것도 아니다. "빛이 있으라 하시니 빛이 있었고, 빛이 있으라 하시니." 는 하나님이 하신 말씀이고, "빛이 있었고"는 선지자가 본 것이 분명하다. 즉, 2절은 6절 앞에 와야 논리상 맞다.

하나님이 첫째 날 만드신 것은 빛과 어둠이다. 빛과 어둠은 대칭이다. 빛이 있으면 어둠이 있게 마련이다. 음, 양이 생긴 것이다. 이는 현대 생활에도 중요한 필수적인 디지털(Digital) 세상을 연 것과 같다. 이진법이 열린 것이다. 신호와 정보가 탄생한 것이다.

둘째 날에는 물을 만들고 하늘과 땅을 만들었다.

셋째 날에는 바다를 만들고 땅에는 식물을 내었다.

넷째 날에는 태양과 낮과 밤을 만들고 달, 별들을 만드셨다.

다섯째 날에는 육지에는 생물이 번성하고, 하늘에는 새도 날으라 하시고, 고래도, 동물도 창조하시고, 너희들도 번성하고 충만하라 축복하셨다.

여섯째 날에는 가축, 기는 것들, 땅의 온갖 짐승을 종류대로 만드시며 이것들을 다스리기 위해 하나님 형상대로 남자와 여자를 창조하시고는 복을 주며 생육하고, 번성하고, 땅에 충만하여 땅을 정복하고 모든 생물을 다스리라고 하셨다.

일곱째 날에는 이 모든 창조물을 보고 스스로 만족하시고 천지창조를 끝내시고 쉬셨다.

11절, 12절은 20절 앞에 와야 논리적으로 맞다. 그래야 생명이 탄생한 날이 다섯째 날, 여섯째 날로 통일된다. 식물도 생명체이므로 이상으로써 날자 별로 간략하게 요약해 보았다.

천지창조의 시간과
빅뱅의 시간

　천체물리학이나 현대물리학을 연구하는 학자들의 연구와 견해는 지금은 거의 상호 인정의 단계를 거쳐 통일된 것이 많다. 대표적인 것이 빅뱅 이후 지금까지의 시간을 137억 2000만 년으로 잡는다는 점이다. 2~30년 전만 해도 이에 대해 200억 년, 300억 년이라는 사람도 있었고 400억 년이라고 주장하는 사람들도 있었다. 빅뱅 이후 우주(시간과 공간)가 생기기 시작해서 지금의 상태까지 오게 된 것을 많은 이론과 증명(?)을 거쳐 합리적으로 설명하게 되었다. 그러나 현재까지도 설명이 안 되는 부분은 왜 빅뱅이 생기게 되었는지와, 그 많은 에너지가 어디서 왔는지에 대한 것이다. 이는 아직도 아무도 설명하지 못하고 있다. 그래도 과학자들은 아인슈타인의 유명한 방정식인 $E=mc^2$을 통해 에너지에서 입자가 생기고, 입자가 뭉쳐지고, 터지고 또다시 만나는 과정을 바탕으로 해서 이를 설명하려 한다. 그야말로 이합집산을 수도 없이 하면서 무거운 원소도 생기고, 물도 생기고 그러다가 여러 가지

조건이 맞으면서 식물이 생기고, 동물이 생기고, 사람이 생겨났다는 것이다.

그런데 가만히 보면 빅뱅 이후의 인류 탄생에 대한 설명은 과학자들의 설명이나, 창세기의 하나님께서 하신 천지창조나 시간 차이가 다소 난다는 것 외에는 너무 똑같지 않은가.

그러면 왜 이런 시간 차이가 나게 된 걸까. 기독인들은 『성경』의 창세기로부터 지금까지의 시간을 이렇게 계산했기 때문이다. 아담과 이브를 만드는 데 불과 6일이 걸렸고, 그다음 『성경』에 나오는 대로 아담이 몇 세까지 살았고, 그다음 카인이 살았던 날, 그다음 노아의 조부 므두셀라가 969살 넘게 살았던 것들을 더해서 계산한 것이다. 다 더해봤자 고작 6000년이라고 한다.

137억 년과 몇만 년은 너무 큰 차이 아닌가. 그래서 137억 년을 믿는 사람들은 몇만 년만 기록된 창세기를 믿지 않는 것이다. 그러나 창세기의 시간을 현재의 천체물리학의 시각으로 바라보자. 태초에 하나님이 첫날 만드신 것이 빛과 어둠이다. 즉, 이는 빅뱅이 시작된 시점이다. 둘째 날 만드신 것이 물을 만들고 하늘과 땅을 만드신 것이다. 첫째 날과 둘째 날 사이의 시간은 빅뱅 때의 빛이 소립자가 되어 이합집산을 거듭하여 물이 생기고 100가지의 원소가 생겨 무거운 것끼리 뭉쳐 땅이 되고 하늘은 점점 맑아지기까지의 시간이다. 현대 천체물리학자들은 이 기간을 수십억 년으로 보고 있다. 현재의 학자들은 100억 년 전쯤에 우리의 은하계가 생기고, 50억 년 전쯤에 우리의 태양계가 생기고, 그로부터 5억 년쯤 지나서 우리 지구가 생겨났으며, 30억 년 전쯤에 생명이란 것이 태어나고, 인간은 300~500만 년 전쯤에 생겨났다고 한다. 그러면 창세기를 본 선지자(先知者)는 왜 첫째 날, 둘째 날 등 하루의 단위를 사용하여 이야기한 것일까.

빅뱅이 시작되어 혼돈을 거쳐 은하계를 만드는 데 37억 년이 걸리고, 태양은 50억 년 전쯤에 생겼고, 지구의 탄생으로부터 45억 년 전까지는 지구가 없었으니 날짜 계산이 될 턱이 없다. 그러므로 이는 현재의 하루, 이틀과는 비교할 수도 없고 비교도 안 되는 시간인 것이다.

그래서 그냥 하나님이 하시는 일을 조목조목 밝히며 한 조목씩 하신 날을 하루라고 한 것일 것이다. 태양이 있고 지구가 있어야 하루라는 시간이 생길 것이 아닌가.

『성서』의 왜곡은 누가?

알다시피 『성서』에는 구약과 신약이 있다. 어떻게 이스라엘 유대 민족의 역사서이며 족보인 『구약 성서』가 이집트에서도 번역이 됐고 그리스나 로마에서도 번역이 되었는지 참으로 궁금하다. 어떤 점이 매력적이었을까. 이집트와 그리스, 로마에도 신들이 넘쳐나도록 득시글거리고 있었는데도 말이다. 기독교에서는 하나님 이외의 신들은 다 잡신이라고 하는데도 말이다.

혹시 하나님을 자기들의 신들과 유사하게 만들고 싶어서 앞다퉈 번역한 것은 아닐까.

그리스, 로마에 나오는 신들을 보자. 이름만 다를 뿐이다. 최고 아버지 신의 이름이 주피터라 하고 제우스라 부를 뿐이지 두 신이 하는 행동은 별로 차이도 없다. 제 마음대로 하고, 내 마음대로 안 되면 화내고, 성질부리고, 제압하고, 복종시키는 것 등이 그렇다. 이들 신이 하는 짓을 보면 우리 인간이 하고 싶은 것들을 대신하고 있는 것과 다름없다. 인간

욕망의 표현을 신의 이름을 빌려 펼쳐 보인 것이 신화다. 그러므로 그들 신이 인간을 만들고 지배한 게 아니라 인간이 신을 만들고 그들의 이름을 빌려 남을 정복하는 데 합리화하고자 한 것이다. 보라. 지금도 인간은 신의 전쟁을 대리하고 있지 않은가. 이슬람 신과 기독 신의 대리전을 십자군 전쟁 이래 계속하고 있고 어느 한쪽이 멸종되지 않는 한 앞으로도 영원히 계속할 것이다. 쌓여왔고, 쌓이고 있고, 쌓여갈 그 적개심이 없어지지 않는 한 그럴 것이다. 정말 신들이 있다면 그들은 싸움을 좋아할까? 아니면 적개심을 가질까. 진짜 신들이라면 그렇지 않을 거라고 나는 생각한다. 그래서 나는 성경 중에서 〈창세기〉의 천지창조만을 믿는다. 다른 부분은 사람 냄새가 너무 나서 믿고 싶지 않다.

하나님은 천지를 창조하신 뒤에 우리를 창조하시고 축복을 주면서 번성하라고 하셨다. 그러면 하나님께서 하실 일은 다 하신 것이고 쉰다고 하셨다. 그러니 계속 쉬시기만 하시면 됐지, 시시콜콜 간섭하실 리가 없다. 기독교 역사에서 교황과 법왕과의 관계를 보면 『성경』이 통치의 수단화로 변질되도록, 『성경』을 번역할 때 첨삭했을 가능성도 컸을 거라고 나는 생각한다. 종교 경전의 대부분은 통치의 수단, 사회의 질서, 삶의(생활의) 방편으로 쓴 게 많다.

이브의 창조

『성경』을 읽으면서 제일 처음 이상하게 느낀 점이 있다. 하나님이 여섯째 날에 자신의 형상대로 남자와 여자를 창조하시고는 복을 주며 생육하고 번성하라고 축복까지 해 주셨는데, 왜 느닷없이 아담이 혼자 있는 게 불쌍해 보여서 이브를 만들어줘야겠다고 생각하시고 아담을 잠재운 뒤 갈비뼈를 뽑아 이브를 만드셨을까? 하는 점이다. 참으로 답을 구하기 어려운 모순된 내용이라 생각되어 내 나름대로 해석하고 살아가고 있다.

인류가 생긴 이래로 남성이 여성보다 생물학적으로 힘이 센 탓에 여성을 지배하면서 살아왔다. 사람뿐만 아니라 동물도 대게 수컷이 힘이 세서 암컷을 지배하고 산다. 자연에는 힘센 놈이 지배하고 힘없는 놈은 어쩔 수 없이 지배당하고 살게 마련이다. 호랑이는 말 안 듣는 암컷은 물어 죽이기까지 한다. 남성이 여성을 지배하고 살며 권력을 휘두르고, 역사를 만들고, 역사를 기록해 왔던 게 사실 아니던가. 남성이 여성을 확실하게 지배하기 위해 만든 허구가 바로 '너는 내 갈비뼈로 만들어졌다. 그러니 너는 내 몸의 일부이니 시키는 대로 해야 한다.'이다. 이런 심보로 만든 것이 창세기 이후에 다시 여자를 만드는 엉뚱한 기록을 한 이유라고 생각한다. 나도 한때는 아내의 기를 죽이려고 "너는 내 갈비뼈야." 하고 억지를 써 보곤 한 적이 있다. 하나님이 나중에 이브를 다시 만들었다고 해도 처음 아담을 만드시는 방법으로 만드시면 됐지, 왜 아프게 갈비뼈를 뽑아서 만들 생각을 하셨을까. 그러니까 이 구절은 후세에 남성이 여성을 지배하기 위해서 만들어낸 구절이라고 생각한다. 하나님의 권위를 후세의 남자들이 자기들의 지배력을 정당화하고 강화하기 위해 이용하는 불경스러운 짓을 했다고 생각한다.

선악과의 실체

　인간은 하나님의 명령을 거역하고 선악과를 몰래 따 먹은 원죄의 굴레 속에서 아직도 괴로워하고 있다. 선악과란 무엇이었을까. 왜 인간이 먹으면 안 되는 것을 하나님은 구태여 만들어 인간을 시험하려고 했을까. 창세기에는 만들었다고 언급하지도 않았던 사탄은 갑자기 어디서 온 것일까. 어떤 사람들은 기는 것을 만드셨으니 사탄은 뱀이라고 한다. 그러나 나를 괴롭혀왔던 하나님의 인간에 대한 시험이 너무 하나님 답지 않은 것 같아 내 나름으로 재구성해 보고자 한다.

　하나님이 에덴동산에 아담과 이브를 위해 많은 종류의 과일을 준비해 주시고 마음껏 따먹게 하시고는 선악을 구별할 수 있는 과일은 먹지 말라고 하셨다. 선악과를 어떤 사람은 사과라 하기도 하고 무화과라고 하기도 한다. 선과 악이란 무엇인가. 완전히 대립적인 개념이다. 이것을 알 수 있는 것은 마음에 분별심을 일으키기 때문이다. 아마 선과라 이름 부른 과일은 굉장히 달고 맛있었을 거고, 악과라 부르는 과일은 아마 쓰고 맛없는 과일이었을 거다. 이것을 사탄이 먼저 먹어보고는 이브를 꼬드겼을 것이다. 쓴 과일을 혼자만 모르고 먹었으니 억울한 심정이 생겨 이브를 유혹하여 이거 맛있으니 먹어보라고 했을 것 같다. 원래 여자는 유혹에 약하다고 했으니까(유혹에 약하다는 게 꼭 나쁜 의미만은 아니다. 감수성과 호기심이 많다는 뜻으로도 볼 수 있으니 말이다).

이브도 악과를 먹어보니 너무 쓰고 맛이 없어 혼자만 당하기는 싫어 아담을 꼬드겨 먹어보게 했을 것이다. 둘 다 달고 맛있는 과일만 먹어오다가 쓰고 맛없는 과일을 처음 먹어 보고는, '아! 이렇게 맛없는 것도 있구나!'라고 생각했을 것이다. 그러니까 맛있는 과일과 맛없는 과일을 분별하는 마음이 생기고, 이 순간부터 마음에 분별심이 자리 잡기 시작한 거라는 생각이 든다. 분별심이 생기니 수치심도 생기게 되었을 것이다. 서로를 바라보니 반대되는 부분이 많이 있는 걸 알고 그 부분에 대해서 부끄럽기도 하고, 호기심도 일어나고, 충동심도 생기기 시작했을 것이다. 옷을 입고 있던 청춘 남녀를 무인도에 벌거벗겨서 보내 놓으면 어색한 시간이 얼마나 갈까. 곧 서로를 탐닉하고 사랑에 빠지게 될 것이다. 우리의 조상 아담 할아버지와 이브 할머니도 곧 사랑에 빠졌을 것이다.

사랑의 시간이 지난 후 쑥스러움에 커다란 나뭇잎으로 부끄럽다고 생각되는 부분을 감싸고 있을 때, 하나님이 외출에서 돌아오셔서 둘을 바라보고는 "내 말을 듣지 않고 선악과를 따먹은 너희들은 이 동산에서 살 자격이 없어."라고 하시고는 에덴동산에서 추방하셨다고 『성경』에 기록되어 있다. 나는 설마 하나님이 그 일로 아담과 이브를 쫓아냈다고는 생각하지 않는다. 천지를 창조하신 우리의 하나님이 그렇게 편협한 판단을 하셨을 리 없다. 그래서 그때를 다시 내 나름대로 재구성해 본다.

하나님이 외출에서 돌아오셔서 둘을 보고는 무슨 일이 있었는지 척 알아보셨지만, 모른 척하고 넘어갔다. 문제는 아담과 이브에게서 생겨났다. 한 번 맛본 사랑의 꿀맛을 어찌 또 하고 싶지 않겠는가. 청춘 남녀라면 자꾸자꾸 끝없이 사랑을 나누고 싶어 한다. 그런데 하나님이 주위에 계시니 숨어서 밀애를 나누기도 어려웠을 것이다. 반대로 마음은 점점 달뜨고, 결국 둘이서 생각해 낸 것이 도망이었다. "우리 이 동산에서 도망쳐 나가자. 설사 저 황막한 대지에서 살아가기가 힘들더라도, 사랑만은 마음대로 할 수 있잖아."

이 세상 모든 동식물 중에 누가 옆에 있다고 사랑을 못 나누는 종은 인종밖에 없는 데서 오는 비극이랄까. 그놈의 분별심 때문에 에덴동산을 몰래 빠져나가는 아담과 이브의 등에 대고 하나님께서 이렇게 부탁하신다.

"그곳은 엄청나게 살아가기 힘든 곳이다. 새(혀)빠지게 고생해야 겨우 입에 풀칠이나 할까?"

그래도 아담과 이브는 서로 손잡고 뛰어가면서 마음속으로 대답한다. '그래도 좋아요. 우린 둘이니까. 서로 사랑하니까.'

카인의 후예

　하나님은 정말 육식을 좋아하시고 곡식은 싫어하셨을까? 양을 잡아 바친 아벨은 예뻐 보였고 곡식을 가져온 카인은 미웠을까? 우리의 보통 아버지들은 그러지 않는 짓을 우리의 하나님께서 그리하셨을 거라곤 짐작도 안 가고 그 이유도 알 수 없다. 그냥 하나님께서 하셨으니 무조건 무슨 뜻이 있었겠지라고 하기에는 너무 하나님을 무정한 분으로 매도하시는 것 같아 나름대로 생각해 본다.

　우선 양에 대해서 한번 생각해 보자. 지금의 양은 오랜 세월 동안 가축으로 길들여져 순하고 동작도 둔해 잡기도 쉽지만, 아벨이 잡을 때의 양은 지금의 산양보다도 더 날쌔지 않았을까. 천지창조 후 얼마 되지 않은 시점이니 야성이 강한 힘 세고 날쌘 양이었음이 틀림없다. 그리고 아벨은 이미 고기가 곡식보다 맛이 있다는 걸 알았을 거고, 그래서 양을 잡아 하나님께 바치고 싶었을 것이다. 그런데 어떻게 양을 잡았을까. 아벨은 덫을 놓는 방법도 몰랐을 거고 몽둥이나 돌로도 쉽게 잡을 수 없음도 알고 있었을 거다. 방법은 하나밖에 없다. 몽둥이를 들고 양이 지쳐 쓰러질 때까지 쫓아가는 수밖에 없다. 이렇게 무작정 몰아서 잡는 데 얼마나 시간이 걸릴까. 우리나라 야사에 이와 비슷한 이야기가 있다.

세종대왕 때 육진(六鎭)을 개척한 김종서 장군의 부장인 이징옥 장군이란 분이 있었다. 이 분이 이팔청춘일 때 그의 어머니가 멧돼지가 어떻게 생겼는지 한 번 봤으면 좋겠다고 지나가는 말로 한마디 했다. 그는 어머니의 소원을 들어드리기 위해 즉시 사립문을 나섰다. 그리고는 산에 올라가서 멧돼지를 발견하고는 무작정 쫓아갔다. 멧돼지가 웬만한 사람한테는 덤비는데 이징옥의 기세가 하도 등등해서 도망치기 시작했다. 그렇게 추격하기를 사흘 밤낮, 마침내 돼지가 지쳐 코를 박고 쓰러졌다. 사흘 동안 자식이 안 보여 애태우는 어머니 앞에 산돼지를 둘러메고 온 이징옥이 "자, 어매. 멧돼지 잡아 왔으니 자세히 보세요." 하고는 땅바닥에 내려놓았다는 이야기가 야사로 전해진다. 이 이야기가 황당하기는 해도 신빙성은 있다. 사흘 밤낮 동안 뛰어다녀서 쓰러지지 않을 짐승이 어디 있겠나. 아마 아벨도 최소한 사흘 이상 쫓아다녀 양을 잡았을 것이다. 그러니 하나님은 아벨의 그 성의를 칭찬해 주신 것이다. 반면 카인이 가지고 온 곡식은 아벨의 양과 비교하면 너무 성의가 없어 보인다. 그 당시 곡식은 야생으로 여기저기 꽤 있었을 것이다. 바구니 하나 들고 하나님께 가는 도중에 보이는 대로 따서 담아 갔을 것이다. 아벨의 노력에 비하면 카인의 노력은 너무 가볍고 성의가 없지 않은가. 하나님은 카인에게 충고하셨을 것이다.

"너는 너무 성의가 없고 노력도 기울이지 않는다. 그래서야 앞으로 식구가 생기면 가장 노릇을 제대로 하겠느냐. 좀 더 부지런 하거라." 하나님은 카인의 장래가 걱정스러워 좋게 타일렀을 거라고 생각한다. 그러나 이내 분별심을 가지고 있는 카인의 마음속에 시기심, 질투심, 증오심이 부글부글 끓어 오르고, 결국 하나님이 안 볼 때 그만 끔찍한 일을 저지르고 말았다. 카인의 후예인 우리들의 마음속에도 그때의 그 심보가 전해 내려와 오늘날에도 존속 살해를 저지르는 인간들이 가끔 있나 보다.

제3부

부처가 본
천지창조

〈법성게〉

　〈법성게〉는 법의 성품을 설명한 운문 게송(揭頌)을 말한다. 여기서 말하는 법은 사람이 만든 법률이나 과학자가 발견한 법칙만을 말하는 게 아니다. 우주 삼라만상의 모든 것 속에서 현상계나 비(非) 현상계를 총칭하는 것으로서 우주 만법의 성품을 7언 율시 운문 형식으로 나타낸 것이다.

　내가 이 〈법성게〉에 매료된 것은 이것이 우주의 탄생, 즉 현대 천문학의 빅뱅 이론과도 일치하고 『성서』의 천지창조와도 너무 비슷하기 때문이다. 처음 부처님이 깨달음을 얻은 후 설한 것이 『화엄경』이었다. 그러나 아무도 이해를 하지 못해 쉽게 설명한 게 '사성제'와 '인연법'이었다고 한다. 어떤 사람이 부처님께 물었다. "이 우주는 어떻게 생겨났습니까?" 부처님께서 대답하셨다. "이 우주는 깜깜한 무명세계였을 때 비로자나불(毘盧遮那佛)이 광명을 비추자 바람이 일어나기 시작하고, 곧 먼지가 자욱하게 일어나서 바람에 휩쓸려 들기 시작하니 마찰열이 생겨 불덩이가 되고, 불덩이 속에서 물이 생겨나고, 곧 그 물속에서 온갖 중생들이 생기면서 이 우주가 이루어졌느니라."

『성서』의 창세기와 거의 같지 않은가. 야훼나 비로자나불이나 이름만 달리 불릴 뿐 역시 하신 것은 똑같다. 약간의 표현 차이만 있을 뿐이다. 2600년 전에 이 이야기를 알아듣는 사람이 얼마나 됐을까. 질문한 사람이 알아들었다는 기록도 없다. 불에서 물이 나온다는 사실이 어떻게 이해가 되겠는가. 조지훈 선생도 아마 여기서부터 막혀 버리지 않았을까. 지금도 이해 못 하는 사람이 더 많을 것이다. 간단히 설명하면 아인슈타인 공식 하나로 금방 알 수 있다. $E=mc^2$에서 E는 불덩이고 m은 물이다. 즉, 불덩어리에서 물이 나오는 것이다. 에너지는 곧 물질이니까.

〈법성게〉에서는 우주의 탄생뿐 아니라 우주 만법의 성품에 대해 차례대로 설명해 놓았다. 이제 의상대사께서 게송으로 읊으신 〈법성게〉를 구구절절 따라가 보자.

法性圓融無二相 諸法不動本來寂
(법성원융무이상 제법부동본래적)

'法性(법성)'은 이미 설명했다. '圓融(원융)'은 완벽하다는 뜻이다. 영어로 하면 'Perfect' 한 상태를 말한다. '無二相(무이상)'은 '두 개의 상이 아니다.'라는 뜻이다. 여기서의 상은 영어로 하면 'Phase'를 말한다. 즉, 어떠한 상태를 뜻한다. 현재 우리가 알고 있는 상은 고체, 액체, 기체에 20세기에 와서야 알려진 플라스마까지 더해서 총 네 가지다. 우주를 구성하는 물질과 물체는 모두 이 네 가지 상만으로 존재한다. 그런데 〈법성게〉에서는 오직 완벽한 하나의 상만이 존재한다고 한다. 무이상은 유일상과 같은 의미이지만 유를 쓰면 유가 무엇인지에 대한 점에 마음이 끌릴 것을 고려해 무이상이라고 한 것이다. 한꺼번에 말해보면 다음과 같다. "이 우주 법계는 완벽한 어떤 두 개의 상이 아닌 하나의 상이다." 그러니까 우주 법계는 고체, 액체, 기체, 플라스마도 아닌 그 어떤 하나의 완벽한 상으로 존재하는 것이다. 즉, 물질의 성질은 이미 없어진 것이다. 어떻게 그와 같은 일이 생길 수 있을까. 다음 구절에 그

답이 있다.

'諸法不動本來寂(제법부동본래적)'. 즉, 모든 법(우주의 모든 것)은 본래는 움직이지 않고 고요하다는 것이다. 움직이지 않는다는 것은 모든 물질이 사라졌다는 뜻이다. 다시 말해 원자를 구성하는 모든 입자가 운동을 중지하고 쉰다는 것이다.

無名無相絶一切 證智所知非餘境
(무명무상절일체 증지소지비여경)

이 법은 이름도 없고, 형상도 없고, 일체의 모든 것이 다 없어져 있다는 뜻이다. 도가(道家)에서는 이것을 '도가도 비가도 명가명 비가명(道可道 非可道 名可名 非可名)'이라 했다. '도라고 하면 그 순간 도하고는 거리가 멀고 이름이라고 하면 그 순간 이름하고는 거리가 멀다.'는 뜻이다. 즉, 도라고 이름 붙이면 안 되는 그 무엇인 상태를 말한다. 야훼의 원뜻도 '그냥 있는 나다.'라고 하지 않는가. 진리를 바라본 善智子(선지자)의 觀(관)은 같은 것이다. 셰익스피어가 「로미오와 줄리엣」에서 한 말도 그 의미는 같은 것이다. "장미를 어떤 이름으로 불러도 그 향기는 그냥 그 향기일 뿐이다(A rose by any other name would smell as sweet)." 이름이야 쇠똥 꽃이든, 말똥 꽃이든, 장미든 무슨 상관이랴. 이름은 사람이 붙였고 관념에 따라서 생긴 것일 뿐이다. 法(법)이든, 道(도)든, 야훼든 이름만 다를 뿐, 그 본질은 하나다. 형상도 없고 움직이지도 않는 이것은 양자역학의 영향도 받지 않는다. 즉, 하이젠베르그의 운동량과 위치를 동시에 측정할 수 없다는 법칙도 여기서는 필요가 없다. 형상이 없으니 위치가 어디 있으며, 움직임이 없는데 운동량이 어디 있으랴. 여기서는 뉴턴 법칙도 다 소용없고 양자역학 상대성 원리도 다 필요 없는 상태인 것이다. 그런데 이런 상태를 알 수 있다니 놀랄 일이다. 누가 아느냐. 아는 이가 누구냐.

'증지소지 비여경'이란 어떤 물리 법칙이나 무슨 수단으로는 알 수 없는 경지이고 증지하고 소지해서 안다는 것이다. 깨달아 지혜로서 바로 알 수 있다는 이야기이다. 누가 그런 것인가. 바로 내가 그러하다.

오늘도 많은 선지식이 이 경지를 증지소지 하려고 화두를 들고 열심히 정진하고 있다.

眞性甚心極微妙 不守自性隨緣成

(진성심심극미묘 불수자성수연성)

이와 같이 이름도, 꼴도 없고 움직임 없는 고요함 그 자체의 참다운 법성은 지극히 작은 어떤 알 수 없는 굉장한 힘을 내포한 마음이어서 -여기에서 마음은 이 생각, 저 생각하는 우리들의 생각이 아니다- 그대로 가만있지를 못하고 인연을 따라 화엄 법계를 이룬다.

현대 과학, 우주물리학은 빅뱅이 왜 일어났는지 자세한 설명을 못 한다. 근래에 와서 어떤 학자는 우주는 無(무)에서 왔으며 無(무)로 간다고 한다. 무에서 어떻게 빅뱅이 생겨서 우주가 탄생했는지에 대해서, 무는 무되, 그 무가 굉장히 불안정(Unstable)해서 어떤 한 점에서 폭발한 게 바로 빅뱅이라고 한다. 빅뱅 이후 입자가 이합집산해서 현재의 우주가 생기고 생명이 탄생해서 진화해 온 과정을 잘 설명한 책이 칼 세이건이 지은 『코스모스(Cosmos)』다. 그런데 에너지가 변해서 질량이 된다고 하는데, 지금의 이 엄청난 우주 질량의 그 많은 에너지는 어디에서 왔는지에 대해서는 아직 시원한 답을 내놓은 사람이 없다. 그 답이 '제법부동본래적' 안에 있다. 즉, 움직임이 없으니 아무것도 없는 것이다. 그러나 無, Nothing은 아니다. 없지만 없는 듯이 보일 뿐, 내재되어 있는 것이다. 에너지로 꽉 차 있지만 움직이지 않을 뿐이다. 여기서 한 줄기 빛의 광명이 비추고 우주가 생기기 시작한 것이다. 한 줄기 빛이 왜 비추어졌는가. 누가 왜 비추었는가. 극미묘란 무엇인가. 그것은 너무 작고 오묘해서 알 수 없다. 무엇으로 설명할 수 있을까. 그 방법은 신이라고 해도 좋고 아니라고 해도 좋다. 단지 알 수 없을 뿐이다. 과학적으로 설명해 보자. 사람은 눈으로 볼 수 있어야 믿는다. 본다는 것은 빛이 있어야 한다. 빛이 그것을 비추어 반사되어 오는 걸 보고 우리는 그것의 존재를 알 수 있다. 그런데 빛보다 더 작고 더 힘없는 그것이 있다면 빛 입자, 빛 파장(빛 에너지)에 얻어맞아 튕겨 나가버릴 것이다. 빛은 그냥 -약간 휘게 될지는 모르지만- 가버리고 우리 눈으로 반사되어 오지 않을 것이다. 그러므로 우리는 그것이 없다고 말하고 없다고 믿을 것이다. 기계를 동원해서 적외선, 자외선을 감지한다고 해도 기계도 감지하지 못하는 극미묘한 것이 있다고 하자. 그것을 행여 있다고 해도 우리는 없다고 말하고 그렇게 믿는 게 현대과학이고, 있다고 말하고 믿는 게 종교이며 신앙이다. 누가 한줄기 오묘한 빛을 비추었는가. '진성심심'의 '心(심)'은 무엇인가. 『성경』의 〈창세기〉에서 천지창조 첫 구절의 내용은 다음과 같다. 태초에 말씀이 있었다. 그 말씀이 곧 하나님이다. 하나님께서 빛이 있으라고 하시매 빛이 있고 빛이 생기면서부터 천지가 열리기 시작한다. 이것은 현대 과학에서도 빅뱅과의 연관성을 통해 인정하고 이해하는 단계까지 와 있다. 비로나자불이 광명을 나투었다고 했다. 그러므로 이름을 야훼, 비로나자불로 부를 뿐이지 결국 한마디로 하면 둘 다 心(심)이다. 心(심)에서 광명이, 빛이 나오고 고요한 것처럼 보이던 우주가, 화엄세계가 열리기 시작한 것이다. 고요하고 空(공)인 것처럼 보인 것이지 그 속에는 무량수, 무량겁의 인연이 내재되어 있어 자성을 지키지 못하고 인연에 따라 생성되는 것이다. 이는 법성의 자성을 설명한 것이다. 즉, 현상은 자성을 따라 생기는 것이다. 생사열반(生死涅槃)은 현상이지만 그 자체가 법성, 자성이다.

一中一切多中一 一卽一切多卽一
(일중일체다중일 일즉일체다즉일)

‘一中(일중)’의 ‘一’은 ‘空(공)’을 뜻하고 ‘一切(일체)’는 ‘화엄세계’를 뜻한다. ‘多中一(다중일)’의 ‘多’는 ‘화엄세계’요, ‘一’은 ‘공’이다. ‘一卽(일즉)’의 ‘一’도 ‘空’이요, ‘一切(일체)’는 ‘화엄세계’다. ‘多卽一(다즉일)’의 ‘多’는 ‘화엄세계’요, ‘一’은 ‘공’이다. 하나가 일체고 일체가 하나, 즉 공과 화엄세계는 다르지 않다는 말이요, ‘공에서 화엄세계가 열리고 화엄세계는 공과 하나다.’라는 뜻이다. 이 우주는 무이상, 즉 공에서 한 줄기 빛, 心(심)에 의해서 생긴 것이다. 하나에서 전체가 되고 전체가 하나와 다르지 않음을 보여주는 게 DNA다.

우리 몸속의 DNA는 어떤 곳에 있든 그 구조는 같다. 침, 콧물, 창자, 뇌, 심장 등 어떤 곳의 DNA도 똑같다는 사실이 놀랍지 않은가.

하나의 DNA가 내 몸이 되고 내 몸 세포 하나하나에 전부 DNA가 들어있다. 현대 과학은 체세포의 DNA를 이용하여 개체를 복제하기 시작했다. 『서유기』의 손오공이 머리카락 하나를 뽑아 주문을 외우니 72마리의 손오공으로 나타난다는 황당해 보이는 소설의 대목이 지금 현실로 나타나려 하고 있다. 머지않아 사람도 식물처럼 삽목(꺾꽂이)해서 만들어 내는 날이 올 것 같기도 하다. 아니, 지금도 체세포 복제를 통해서 복제 양 둘리를 만들어 내는 세상이다. 중국에서는 원숭이도 만들었다고 자랑하고 있다.

一微塵中含十方, 一切塵中亦如是
(일미진중함시방, 일체진중역여시)

한 티끌이 속에 우주를 머금고 있고 모든 티끌마다 우주가 그 속에 다 들어 있다. 내가 어릴 적의 일이다. 농사철에 할아버지 농사일을 도울 때였다. 보리타작하고 나서 보리알을 모으고 가래로 낟알을 공중으로 던져 바람의 힘을 빌려 까끄래기와 먼지를 날려버리고 낟알만 모으는 작업을 할라치면 먼지가 많이 났다. 그 먼지는 흙먼지와 달리 몸에 붙으면 무척 가려웠다. 그게 싫어 이리저리 피하며 "에이, 먼지 더럽게 나네." 하고 투덜대면 할아버지께서 "이놈아! 먼지가 우리 근본이야, 근본!"이라고 말씀하시곤 했다.

그때는 그게 뭔 뜻인지 정말 몰랐다. 지금 생각해도 선문답인데, 우리 할아버지들은 정말 그 뜻을 알고 하셨는지 아니면 대대로 전해 들은 얘기인지 지금도 모르겠다. 지금 이 글을 쓰는 이 나이에 〈법성게〉를 접하고 나서야 비로소 그 뜻을 어슴푸레 알 수 있게 되었다. 부처님이 말씀했다. 비로자나불이 광명을 비추자 먼지가 일어났다. 그 먼지가 우주가 되었다고 했다. 현대 물리학에서 보면 그 먼지란 가장 작고 근본이 되는 소립자란 뜻이 된다.

無量遠劫卽一念 一念卽是無量劫
(무량원겁즉일념 일념즉시무량겁)

　무한한 시간도 한 생각에 지나지 않는다. 바로 한 생각이 무한한 시간인 것이다. 한 생각이란 무엇인가. 바로 지금의 생각을 말한다. 찰나의 이 순간이란 말이다. 무한한 시간을 미분하면 지금의 한순간이고 지금의 한순간을 적분하면 무한한 시간인 것이다. 지금의 순간이란 어떤 것인가. 지금이라고 하는 순간, 그 순간은 과거로 갔고 미래의 순간이 지금 이 순간이 되었다가 과거로 가버린다. 사실 지금 이 순간에 내가 머물면 내가 현재에 존재하지만, 흘러가 버린 시간과 오지 않을 시간 속에는 나는 존재하지 않는다. 다만 관념으로 존재한다고 생각하는 것뿐이다. 지금의 이 시간이란 어떤 의미일까.

　과거의 무량 억겁은 지금이 있기 위해 존재했고 지금의 이 순간은 미래의 무량 억겁으로 가는 징검다리다. 무량원겁의 시간은 화엄세계의 시간이다. 즉, 관념의 시간은 공의 시간이다. 공에는 시간도, 공간도 없다.

부처님은 출가할 때 중생의 생로병사를 해결하겠다는 각오로 왕좌도 버리고 떠나셨다고 하지만, 본인의 생로병사 또한 해결하고 싶었을 것이다. 그러나 오랜 수행 끝에 무상정각(無上正覺)을 이루시고 법계를 보니 생로병사란 본래 없다는 것을 보신 것이다. 무상정각을 얻고 바라본 세계가 장엄한 화엄의 세계였다. 그때 본 법계를 대중에게 설한 것을 나중에 결집한 것이 『화엄경』이고 화엄경의 정수를 7언 율시로 읊으신 게송이 이 〈법성게〉다.

시간에 대한 정의를 이렇게 내리니 단박에 생로병사는 해결할 수 있다. 현대 물리학적 관점에서 봐도 이 말은 맞다. 빛만큼 빠르면 시간은 0이 된다. 그런데 우리의 念(념)은 빛보다 더 빠르게 움직인다. 이론은 그래도, 감은 와 닿지 않는다. 물체가 되는 순간 시간은 느려지고 뉴턴의 법칙에 따라 살게 되니까.

지금 현대 물리학을 알고도 이 구절을 이해하기 힘 드는데 2500년 전에는 부처님의 이 말씀을 누가 알겠는가. 가섭존자나 사리불존자나 겨우 알아들었을 것이다. 그래서 알아듣기 쉽게 상대편의 근기에 따라 설(說)하시다 보니 8만 4천 법어가 된 것이다.

九世十世互相卽 仍不雜亂隔別成
(구세십세호상즉 잉불잡란격별성)

　'九世十世(구세십세)'란 오랜 세월, 즉 무량겁세월이고, 이는 다시 말하면 끝없는 시간을 말하는 것이다. '互相卽(호상즉)'이란 모든 법계의 성주괴공(成住壞空)이 지금 보고 있는 이 법계와 별반 다르지 않다는 것이다. '仍不雜亂隔別成(잉불잡란격별성)'이란 혼란스럽거나 뒤죽박죽되는 게 아니고 다 조화롭게 그때그때, 따로따로 잘 이루어진다는 것이다. 우주가 생긴 이래, 그리고 지구가 생긴 이래로 똑같은 눈송이가 없고, 똑같은 구름 모양도 없었고, 똑같은 나뭇잎도 없었다. 그 무엇도 똑같지는 않지만, 그때그때, 따로따로 생기고 사라지고를 반복해도 서로 방해하지 않고 별도로 잘 존재한다.

　지금의 빅뱅 이후 시간뿐만 아니라 수억 겁 전이나 후에도 공에서 화엄세계로, 화엄에서 공으로, 혼란스럽지 않고 인연에 따라 질서 정연하게 이루어진다는 뜻이다.

初發心時便正覺 生死涅槃常共和
(초발심시변정각 생사열반상공화)

많은 분이 처음 마음을 낼 때가 바른 깨달음이라고 하며 첫 마음, 첫 각오가 중요하다고 해석하고 있다. 여기에서 '心(심)'은 보통 사람들의 지어먹는 '心(심)'이 아니고 앞에서 언급했던 '진성심심'의 '心(심)'을 말한다. 즉, 우주가, 법계가 막 열리는 첫 순간을 말하고 있다. '便正覺(변정각)'이란 정확하게 일어나고 있는 상황이다. 화엄세계가 열리는 것을 부처님이 정확히 보았다는 뜻이다. 그 순간의 상태가 어떠했느냐? 생과 사와 열반이 공평하게, 즉 1/3씩의 비율로 평형상태를 이루더라는 말씀이다. 현대물리학의 천재라는 파인만이 소립자를 관찰하니 그냥 있는 게 아니라, 나타났다가 없어지더니 한참 지나서 다시 나타나고 그와 같은 일을 끝없이 반복하고 있더라면서 그려 놓은 게 그 유명한 파인만의 도표(다이어그램)이다. 즉, 생과(나타났다가) 사와(없어지며) 열반(한참 움직임 없이 있다가)이 일정하게 일어나고 있다는 얘기다.

이는 화엄세계가 열리면 생사열반이 생기면서 그 비율이 평형상태를 이룬다는 말이다. 눈에 보이는 한순간은 따로따로 보일 수 있지만, 전체는 하나의 현상으로 보면 같은 것이다. 즉, 우리가 생에 있는 순간은 사가 싫겠지만, 생에 집착하지 않으면 사도, 열반도 그냥 하나의 현상에 지나지 않는 것이다. 화엄세계가 열리면서 생사 타령을 하게 되었지만, 알고 보면 둘이 아니다. 여기서 다시 생각해 볼 부분은 평형상태는 조건에 따라 달라진다는 점이다. 어떤 상태에 따라 한 값이 커지면 상대적으로 한 값은 적어지는 게 평형상태, 즉 상공화의 상태다. 만약 열반의 값이 지극히 크면 생사의 값은 지극히 작아질 것이다. 어떤 힘에 의하여 -우리가 현재는 알 수 없지만, 이 힘은 반드시 있다. 그러므로 앞에서 '구세십세호상즉'이라는 구절을 언급한 것이다. 끝없이 반복하는 힘이 있다는 얘기다- 화엄세계가 사라지고 열반의 세계가 된다면 그 세계는 〈법성게〉의 첫 문장이 된다.

원융해서 무이상이 되고 극미묘한 부분은 생사일 것이다. 생사란 열반의 씨앗이고 열반은 생사의 바탕이다. 씨앗과 나무는 다른 것 같지만 같은 것이고, 같은 것 같지만 다르다.

좀 더 부연설명 해 보면 빅뱅은 가없는 우주 법계의 어느한 시점을 기준 삼아 설명한 것이다. 그 크기가 137억 2000만 년이라는 것은 지금 우리가 관측하는 한계에 지나지 않는 것이다. 그 너머에는 또 다른 빅뱅으로 인한 또 다른 우주가있다고 말해도 무방하다. 왜냐하면, 생과 사와 열반은 상공화라고 했다. 이 말은 항상 같이 상호 간에 평형을 이루고 있는 것이다. 우주나 소립자나 크기만 다를 뿐, 생사열반이 일어나는 건 다 같다. 파인만이 이미 증명했다고 앞에서 언급한 사실을 상기하기 바란다.

생사열반이 일어나는 힘은 어디에서 오는 것인가? 이것은 빅뱅이 왜 일어났으며, 그 힘은 어디에서 나오는지에 대한 질문과 같은 질문이다. 과학적 또는 수학적으로 수식화, 공식화는 할 수 없다. 어떤 사람은 무(無)에서 오는데 그 이유는 무가 불안정한 상태이기 때문이라고 한다. 이 〈법성게〉에서는 극미묘라고 했고 야훼는 말씀이라고 했다. 어떤 극단적 계기는 꼭 집어 말할 수 없어도 에너지원은 이미 그 자체 내에 가지고 있다. 생하는 에너지, 사하는 에너지, 열반에 내재하는 에너지가 있다. 내장된 에너지가 상의 변화에 따라 흐르기 시작하고 현상이 발현되기 시작하는 것이다. 즉, 위상의 변화에 따라, 위상화의 크기에 따라 일어나는 현상으로 공에서 화엄으로, 화엄에서 공으로 생사열반의 상공화가 이루어지는 것이다.

어떤 한 위상, 한 상태, 즉 무이상의 자리에서는 아무것도 일어나지 않는다. 양(陽)전기만 있으면 아무 일도 일어나지 않는다. 음(陰)전기만 있어도 아무 일도 못 한다. 위상의 변화가 일어나야만 현상이 일어난다. 같은 양전기도 위상의 차이가 일어나면 스파크가 일어난다. 200V끼리 연결해 보았자 아무 일도 없지만 200V 양전기를 100V 양전기에 연결하면 스파크가 일어난다. 자리를 바꿔가며 변화무상하게 현현한다. 동성애 현상도 이와 같은 논리로 설명할 수 있다.

생사열반은 법계의 영원한 진리이다. 변화무상이 진리다. 나타나는 것은 인연에 따라 생겼다가 인연에 따라 사라진다. 실체로서 영원한 것은 없다. 적자생존, 진화, 도태, 돌연변이 모두 시간 차이일 뿐이다. 적응하면 생존하는 것이고, 쉬지 않고 바뀌는 환경에 적응하지 못하면 도태되는 것이다. 진화란 변화라는 말이 맞겠다. 적응해서 생존하면 진화요, 적응하지 못하면 도태될 뿐이다. 생사열반 상공화. 끝없는 변화무상. 너무 멋진 법계이지 않은가.

理事冥然無分別 十佛普賢大人境

(이사명연무분별 십불보현대인경)

공(空)에서 화엄세계가 막 열리는 그 순간은 理(이, 즉 에너지, 法, 道)인지 事(사, 즉 파동, 입자, 물질)인지 확실하게 분별되지 않는다. 즉, 카오스(Chaos) 상태다. 〈창세기〉 1장 2절쯤의 상태인 것이다.

'十(십)'이란 앞의 九世十世(구세십세)라는 구절에서 살폈듯이, 무수하게 많다는 뜻이다. '佛(불)'은 '비로자나불'이고 '普賢(보현)'은 '報身佛(보신불)'이고 '大人(대인)'은 '化身佛(화신불)'을 의미한다.

비로자나불은 법계의 근본적인 힘을 뜻하고 보신불은 법계의 인연을 맺고자 하는 함축된 인연의 힘이다. 그리고 화신불은 모습을 나타내고자 하는 힘을 의미한다. 이 세 부처의 힘이 하나가 되는 경지를 읊은 것이다. 기독교의 삼위일체 사상, 즉 성부와 성자와 성신의 경지와 같다고 할 수 있다. 『천부경』에도 삼성 신앙이 있다. 지금 빅뱅 바로 직전의 상태인 것이다.

能仁海印三昧中 繁出如意不思意
(능인해인삼매중 번출여의불사의)

'能仁海印三昧中(능인해인삼매중)'이라는 말은 고요하고 고요해서 한 점도 움직임이 없는 경지를 말한다. 앞에서 나온 '제법부동본래적'의 자리인 것이다. 이 자리에 지금 누가 앉아 있는가. 십불보현대인이 해인삼매경에 있는 중이다. 기독교의 야훼가 앉아있는 자리다.

'繁出如意不思意(번출여의불사의)'란 생기는 것마다 여의롭게 생기는 것이지 생각해서 나오거나 의논해서 만들어 내는 게 아니란 말이다. 빅뱅의 순간, 천지창조의 순간, 화엄세계가 열리는 순간이 지금이요, 어떻게 열리는지 설명하는 대목이다. 우리는 意(의)와 思(사)에 대해서 숙고해 봐야 한다. 지금 천지창조는 우리의 의사와는 상관없이 전개되고 있다. 이때의 의사는 합쳐져서 사용되지만, 뜻은 구분된다. 의는 뜻이요, 사는 생각이다. 뜻과 생각이 어떻게 다른지 그 한자를 破字(파자)해서 살펴보자.

먼저 意(의)는 音(음)과 心(심)으로 나눌 수 있다. 앞서 나는

心(심)은 부처이며, 야훼이고, 도라고 한 바 있다. 야훼가 삼매에서 말씀하신 그 경지라고 할 수 있다. 즉, 빛이 있으라 하심에 빛이 있고 여기서 音(음)을 또 破字(파자)하면 立(입)과 日(일)이 된다. 日(일)은 大日如來(대일여래)라고 할 수 있다. 즉, 빛이 한 줄기 비치매 천지가 열린다고 부처님이 설하신 바 있다. 立(입)은 무엇인가. 본래 그 자리에 있다는 뜻이다. 立春大吉(입춘대길)이라고 할 때 입춘은 봄이 이미 그 자리에 와 있다는 뜻이다. 즉, 야훼가 됐든, 대일여래가 됐든, 도가 됐든 삼매의 경지에서 여의롭게 화엄세계, 우주가 열리는 것이다. 자. 그렇다면 이번에는 思(사)를 파자해서 살펴보자. 田(전)과 心(심)이 된다. 田(전)이란 무엇인가. 재물을 뜻한다. 재물은 항상 갖고 싶어 하는 욕심을 동반한다. 여기에서 心(심)은 우리 중생들의 마음이다. 중생들의 마음은 항상 욕심으로 들끓고 있다. 욕심과 의논으로 이 세상 우주를 만들면 이 세상이 만들어지겠는가. 절대 만들어질 수 없고, 그렇게 되어도 안 될 것이며, 된다면 큰일이다.

소원성취기도 문구 중 '萬事如意亨通(만사여의형통)'이란 문구가 있다. 보통은 '마음먹은 대로 이루어지게 해 주소서.'라는 뜻으로 알고 기도하고 있다. 기도의 내용은 그야말로 대개가 意(의)가 아니고 思(사)로 한다. 만약 思(사)로 하는 기도가 다 이루어지면 부자 아닌 사람이 없고 미인 아닌 사람이 어디 있겠는가. 은행 금고에는 돈이 한 푼도 없게 될 것이다. 선남선

녀, 미남미녀들은 어디 마음 놓고 잠이나 잘 수 있겠는가. 그래서 옛 각자(覺者)가 如意(여의)라고 했지 如思(여사)라고 하지 않았던 것이다.

如意(여의)롭게 기도하면, 즉 삼매에서 기도하고 如思(여사)하지 않으면 기도는 항상 이루어지고 만사는 형통할 수 있다.

진화든, 돌연변이든, 이기적 유전자이든 그것이 일어나는 것은 모두 여의롭게 일어난다고 볼 수 있다. 내가 이렇게 변해야지 생각하면서 아니 생각한다고 그렇게 변할 수 있을까? 만약 그렇게 된다면 우주는 존재하지도 못할 것이다. 생명의 신비에 대해 생각하면 끝없이 경이롭지만, 한 가지 예를 들어 보자. 우리 인간을 있게 하는 정자에 대해 생각해 보자. 건장한 남성이라면 1초에 대략 300개쯤 정자를 생산해 낸다. 이것은 내가 만들려고 생각해서 만들어지는 것이 아니다. 그뿐인가? 정자 하나에 약 30억 개의 DNA 배열이 이루어지는데, 이 배열이 거의 틀리지 않고 정확하게 된다는 게 얼마나 경이로운 일인가. 아무리 빠르게 반도체 칩을 만드는 기계라도 할 수 없는 작업을 우리는 생각하지 않아도 저절로 하고 있다. 어디 이뿐이랴. 우리 몸의 온갖 세포는 자기 복제와 온갖 물질을 쉼 없이, 수없이 만들고 있다. 이와 같이 생각하지 않아도 저절로 이루어지는 경지가 바로 여의경지다.

雨寶益生滿虛空 衆生隨器得利益

(우보익생만허공 중생수기득이익)

"생명에게 이로운 보배로운 비가 온 우주에 가득하니 온갖 생명이 자기한테 알맞게 이로움을 얻는다."

생명 탄생 전에 우주에는 물이 먼저 생겼다고 현재의 모든 과학자가 다 인정하고 있다. '물이 있으므로 생명이 탄생한다.' '물이 있어야 생명이 생긴다.'고 하며 우주 탐사 시에도 어떤 별에서든 물이 있다고 하면 생명이 있을지도 모른다고 믿는다. 지금 화성에도 물이 있을 것으로 예상하고 토성의 위성 타이탄(Titan)에서도 물이 있다고 관측되어 과학자들을 흥분시키고 있지 않은가.

물이 왜 생명의 근원이 되는가. 그것은 물의 독특한 성질 때문이다. 물은 수소 결합으로 집합을 이루는데, 수소 결합만큼 온도에 민감한 결합은 없다. 물은 온도에 따라 0℃에서 100℃ 사이에서 액체, 고체, 기체가 된다. 생명 현상이란 물질적으로는 Gel(겔)의 상태와 Sol(졸)의 상태가 가역이 잘되는 상태를 말한다. 비가역이 되는 순간 생명 현상은 끝나는 것이다. 물은 DNA 염기와도 수소 결합을 하고 단백질과도 한다. 민감한 수소 결합에 의한 Gel-Sol의 조화가 물질로서의 생명 현상이라고 볼 수 있다. 『성경』의 〈창세기〉에도 "하느님의 영이 물 위에 있고"라고 하지 않았던가. 태어난 생명은 모양도, 꼴도, 크기도 다 다르고 살아가는 방식도 다 각각이지만, 어쨌든 모두가 물을 먹고 자기 모양대로 살아가면서 이익을 얻는다고 했다. 이익은 자기 성장뿐만 아니라 후손을 남기는 것도 포함한다. 모기든, 코끼리든, 잘생겼든, 못생겼든 자기의 크기대로 물을 먹고 살아간다. 생명체의 60~99%는 물로 이루어졌다. 물은 곧 생명이다.

是故行者還本際 叵食忘想必不得
(시고행자환본제 파식망상필부득)

"이와 같이 살다가 본래의 자리로 돌아가려면 마음에 망상을 일으키지 마라. 그러면 절대로 그 자리에 다시 갈 수 없으리라."

다시 갈 수 없으면 어떻게 될까. 인연 따라 육도윤회(六道輪廻)하게 될 것이다. 윤회의 자리는 사사유관의 세계다. 인연에 따라 형상의 생멸 반복이 끝없이 이어지는 세계다. 본래의 그 자리는 어떤 자리인가. 윤회를 하지 않는 사사무애(事事無礙), 이사무애(理事無礙)의 자리다. 그 자리는 어떤 자리인가. 〈법성게〉의 첫 구절, 즉 원융무이상의 자리이고, 움직임 없이 고요한 이름도, 꼴도 없는 일체가 다 없어진 그 자리를 말하는 것이다. 다시 〈법성게〉의 첫 구절로 돌아가 보면, 다시 화엄세계가 펼쳐지고, 다시 법성의 본 자리로 가고 하는 것도 분명히 윤회다. 힌두의 세계에서 말하는 윤회는 사사유관의 윤회 인연 따라, 인과 따라 끝없이 돌아다니는 것이다. 이는 마치 콜로이드 입자의 브라운 운동처럼 끝없이 돌아다니는 것이고 법성의 윤회는 사사무애, 이사무애의 세계를 말한다. 알고 싶은가. 느끼고 싶은가. 깨닫고 싶은가.

'증지소지비여경'이라고 했으니 증지소지 안 하면 그 경지를 알 수가 없다. '해인삼매'에 들어가면 알 수 있다. '해인삼매'에서 '번출여의'했으니까 여의로운 마음을 내서 -여사하면 망상이고- '해인삼매'로 들어가면 거꾸로 거슬러 '원융무이상'으로 갈 수가 있는데 여의하기가 쉽지 않다. 어떻게 해야 여의할 수 있는지 다음 게송을 보자.

無緣善巧捉如意 歸家隨分得資糧
(무연선교착여의 귀가수분득자량)

"착하고, 예쁘고, 똑똑한 것과는 무관하니 오직 여의를 꽉 잡아채야 한다. 그래야 본래의 자리로 갈 때 한 세상 살며 닦은 내 몫의 공덕을 챙겨갈 수 있다."

본래 태어날 때 여의롭게 태어났었다('번출여의불사'의 부분을 다시 읽어보시라).

순수무구하게 태어났다. 착하지도, 똑똑하지도 않았다. 더구나 악하고 바보스럽지도 않았다. 살아가면서 분별심이 생겨 욕심이 생겨나고, 예쁘고, 잘나고 싶은 욕망이 힘이 되어 살아가지만, 본래의 자리에 돌아갈 때는 그 모든 게 다 소용없고 여의로운 마음으로 돌아가야만 갈 수 있다. 그렇지 못하고 욕망에 아쉬움이 남아 그것에 집착하면 지은 업에 따라 육도윤회를 하게 된다. 천당에나 극락에 가고 싶어 생전에 착한 일을 많이 하고 복덕을 지었으면 갈 수도 있겠지만, 그곳도 화엄세계이니 영원히 안주할 수는 없는 곳이다. 화엄세계는 움직임의 세계이고 움직인다는 것은 업(業)이 생기기 때문이다. 본래의 자리, 공의 자리, 무이상의 자리에 갈 때는 한 세상 닦은 공덕(복덕과는 다른), 즉 여의를 얼마나 체득했는지에 따라 본래의 그 자리에 가는 힘이 될 것이다.

以陀羅尼無盡宝 莊嚴法界実宝殿
(이다라니무진보 장엄법계실보전)

"이와 같이 살펴본 법성은 다함 없고 없어지지 않는 보배로운 것이니 장엄한 이 법계는 진실로 보배로운 전당이로다."

'陀羅尼(다라니)'는 법이다. 부처님께서 설한 말씀을 말한다. 성불하시면서 본 법성, 즉 우주 법계의 본질 '원융무이상'에서 펼쳐지는 화엄세계를 보시고 최초로 설하신 법문이다. 그런데 아무도 알아듣지를 못했다니(사실 못 알아듣는 게 정상인이다), 얼마나 애타고 답답했을까. 그래서 알아듣기 쉽게 인연법, 연기법, 인과법으로 얘기해 주신 것이 그 후의 여러 법이라고 한다.

'無盡宝(무진보)'는 다함 없이 끝없이 이어지는 보배라는 뜻이다. 왜 무진하다고 했을까. 이미 앞에서 '구세십세호상즉 잉불잡란격별성'이라고 했다. 즉, 끝없이 이어지는 것이며 지금까지 설한 법성의 실상은 법성이기 때문에 끝이 없는 것이다. 시작이 없는데 끝이 어디 있으랴.

'莊嚴法界実宝殿(장엄법계실보전)'이란 '원융무이상'에서 화엄세계로 펼쳐지고, 다시 '원융'으로 가서 또다시 화엄세계로 이렇게 펼쳐지는 이 법계가 장엄하고 정말 보배롭게 펼쳐진 법계의 전당이라는 말이다.

窮坐實際中道床 舊來不動名爲佛
(궁좌실제중도상 구래부동명위불)

"마침내 중도의 자리에 실제로 앉게 되었네. 이 자리에 앉
는 이를 예나 지금이나 미래에나 이름하여 부처라고 한다네."

'中道床(중도상)'. 중도의 자리란 무엇인가. 말 그대로 딱 중
간에 있는 자리다. 양쪽을 다 볼 수 있는 자리다. 원융무이상
의 자리(무애의 자리)도 볼 수 있고 장엄하게 펼쳐지는 화엄의
세계, 즉 사사유관의 세계도 다 볼 수 있는 그 자리다. 그리
고 지혜를 깨달은 무상정득정각의 자리다. 이를 불교에서는
이름하여 부처라고 부르는 것이다. 다른 이름으로는 도 혹은
야훼라고도 하지만, 그것은 단지 사람이 그렇게 부를 뿐이지
결국 다 같은 善智子(선지자)를 이르는 것이다.

여기서 우리는 부처의 특별한 위대성을 볼 수 있다. 누구나
중도의 자리에 앉으면 다 부처라고 불러 준다는 것이다. 즉,
다 부처가 될 수 있다는 것이다. 이 세상 어느 종교도 교주가
신도들에게 너 열심히 수행하면 나와 똑같은 지위를 누릴 수
있다고 하는 종교는 없다. 석가모니는 누구나 부처가 될 수

있다는 걸 가르쳐 주고 어떻게 하면 부처가 될 수 있는지 그 방법까지 가르쳐 주었다. 이렇게 진정한 평등사상을 가르치신 점이야말로 진정으로 칭송받아야 할 점이다.

자. 우리는 이제 온 우주 법계의 법, 존재와 생멸 그것의 실체를 이 게송을 통해 어렴풋이나마 알게 됐다. 철학적으로 또는 과학적으로 생각하는 사람 중에서는 이렇게 반문하는 사람도 있을 것이다. "그래서 어쨌다는 거야? 뭐가 달라진 게 있어? 그냥 나는 그대로 그냥 그대로일 뿐이잖아. 이런 걸 알아서 뭐가 좋아지는 게 있는가?"

물론 당장 달라질 거야 없고 달라질 리도 없다. 그러나 모르는 것보다는 아는 게 낫지 않은가. 불교에서는 모르고 짓는 죄가 알고 짓는 죄보다 크다고 한다. 사회통념은 그 반대다. 알고 한 게 아니고 모르고 그랬으니 용서해 줄 수 있지 않느냐고 한다. 둘 다 맞기도 하지만 사람이 양심이란 게 있으므로 알고서 똑같은 죄를 저지르기에는 주저하게 된다. -특이한 소수 인간을 빼고- 그러나 모르고 죄를 저지르면 그것이 죄인 줄 모르므로 자꾸 저지르게 되어 죄가 자꾸 쌓여 커지게 된다는 것이다.

그러므로 알아야 한다. 지식도 얻고 지혜도 길러야 한다. 그러니까 아는 게 낫다.

성철 스님의 유명한 법어(法語) 중에 "산은 산이요, 물은 물이로다."라는 법어가 있다. 사실 이 오도송(悟道頌)은 옛날 중국의 어떤 선사가 했다는 얘기도 있다. 그래서 성철 스님도 법문 끝에 "대중은 아는가. 산은 산이요, 물은 물이라."고 설하셨다. 아마 대중은 알 수가 없을 것이다. 알았다면 이미 성철 스님 본인의 경지에 들어선 셈이니까 구태여 들으러 오지 않았을 테니 말이다, 다만 성철 스님은 우리에게 생각해 보라고, 알라고 하신 말씀일 것이다.

대중이 보는 산과 물은 화엄세계에 살고 화엄세계만 아는 보통 사람이 늘 보고 접하는 산과 물일 뿐이다. 성철 스님이 일갈하는 산과 물은 법성 속에 존재하는 산과 물이다. 똑같은 산이고 물이지만, 대중은 화엄세계만 알고 보는 것이고 스님은 〈법성게〉를 다 알고 본다. 그 차이일 뿐이다. 그 차이란 무엇인가. 대중은 산과 물에 마음을 뺏기지만, 스님은 본성(법성)을 알기 때문에 마음에 걸림이 없다. 아는 것과 모르는 것은 이 차이뿐이다. 이것만 알게 되면 다 부처가 되는 것이다. 그러므로 모두가 부처의 본성을 가지고 있다는 것이다.

화엄세계란 '원융무이상'에서 펼쳐지는 형상 또는 비형상의 모든 세계를 말한다. 우리는 형상의 세계에 살고 형상을 가지고 있다. 물론 비형상인 부분도 내 속에 있지만, 우리는 안 보인다고 없는 듯이 살아가고 있다. 형상을 가지는 순간 우리에게는 시간도 생기고, 공간도 생긴다. 뉴턴의 법칙, 즉 물체의 법칙에 예속되어 사는 것이다. 그러므로 물체에 부딪히면 다

치기도 하고 죽기도 한다. 오관(五官)에 의지하여 살다 보니 희로애락도 느끼고, 오욕칠정(五慾七情)에 얽매여 원융무이상의 세계가 있는지도 모르고 살아가고 있다. 알면 무엇이 달라질까. 마음가짐이 달라질 뿐 현실적으로 무얼 바꾸기는 쉽지 않다. 여사로는 이룰 수 없고 여의가 될 때 이룰 수 있다. '如'란 '같다'는 뜻이다. '같다'는 것은 '모든 게 하나'라는 뜻이다. 그래서 부처를 如來(여래)라고 한다. 하나에서, 즉 원융무이상에서 왔다는 뜻이다. 하나. 그래서 기독교에서는 하나님이라고 부른다. 하나에 님 자를 붙인 것이다. 하나. 유일무이한 하나. 그래서 기독교에서는 나는 길이요, 진리요, 생명이니, 나를 통하지 않고는 하늘에 들 자가 하나도 없다고 했다.

불교에서는 나 또는 참 나라고 한다. 결국, 하나는 무이상의 자리와 같은 것이다. 모든 것은 원융무이상 그 한자리에서 시작된다. 아인슈타인은 생전에 통일장 이론을 만들려고 했으나 이루지 못했다. 수학적으로 불가능했는지 개념으로 불가능했는지는 모르겠지만, 어쨌든 못 만들고 아직 누구도 만들지 못하고 있다. 통일장이란 아시다시피 다음과 같은 내용이다. 우주의 힘에는 강력(핵력), 약력(분자 간의 상호작용 하는 힘), 중력(물체끼리 서로 당기는 힘), 전자기력(전기력, 자기력)이 있는데, 이 모두를 하나의 힘으로 표시하고자 한 것이다. 이런 시도를 한 배경은 전자기력 때문이다. 예전에는 전기력이 따로 있고 자기력이 따로 있다고 생각했는데 알고 보니 상호 같다는 것을 알게 된 데서 기인한다. 즉, 전기로 자석을 만들고, 자석으로 전기를 만들게 되니 같다고 본 것이다. 그래서 모든 힘은 하나가 아닐까 하고 생각하게 된 것이다. 전자기력을 알게 되어 우리 인류가 참 편리하고 편하게 살게 되었다. 그렇다고 모든 과학이 이론대로 다 되고 다 유용하게 쓰인 것은 아니다. 상대성 이론으로 원자탄을 만들 수 있는 배경은 되었지만, 타임머신 기계는 만들지 못한다. 만약에 모든 힘을 하나로 통일만 할 수 있다면 도깨비방망이도 만들어 모든 것을 다 해결할 수 있을지도 모른다는 야릇한 꿈을 꾸어 볼 수 있겠지만, 불행히도(?), 다행히도(?) 이루어지지 않았다. 왜 이룰 수 없을까.

하나가 되고 하나에서 모든 게 여의롭게 나온다는 게 〈법성계〉의 논지다. 불교에서는 이곳을 '여래장'이라고 한다. 장이란 영어로 하면 Field라는 뜻이다. 모든 것이 나올 수 있는 원융무이상의 자리이다. 통일장의 하나의 그 힘을 〈법성계〉에서는 心이라 한다. '진성심심극미묘 불수자성수연성' 心이 통일장 이론이 말하는 하나의 힘이라고 말할 수 있다. 이것은 수식화할 수 있는 게 아니다. 왜냐하면, 원래의 그 자리이기 때문이다. 수(數)도 나오지 않았기 때문이고 수도 거기에서 나왔기 때문이다. 하나의 힘을 어떻게 만들 수 있을 것인가. 무엇으로 어떻게 한다는 것은 또 다른 힘이 있다는 것이고 모순에 빠지기 때문이다. 과학자들은 빅뱅을 재생하기 위해 머리를 쓰고 있다. 모든 게 사라진 원융무이상을 과학적으로 만들려면 절대영도(0°

K), 즉 -273.16℃ 이하를 만들어야 하는데 이는 도저히 불가능하다. 왜냐하면, 절대영도(0°K)는 모든 물질이 사라진 자리이기 때문이다. 즉, 없는 것으로 없는 것을 만든다는 억설에 지나지 않는다. 그래서 생각해 낸 것이 입자의 충돌이다. 입자의 속도를 제로로 만들면 순간적으로 절대영도(0°K)가 될 수 있다고 한다. 그러나 그래 봤자 〈법성게〉의 '제법부동본래적'의 자리다. 첨단과학이 이제야 〈법성게〉의 한 부분을 들여다보기 시작한 것이다. 그러면 이렇게 물질로든 과학적으로든 갈 수 없는 자리를 부처님은 어떻게 알 수 있었을까. 부처만 본 것도 아니다. 창세기를 본 선지자도 보았다. 방법은 동일하다. 능인해인 삼매에 들면 되는 것이다. 그곳에는 시간이 없다. 무량원겁즉일념. 일념즉시무량겁이라고 이라고 했다. 그곳에는 공간이 없다. 일중일체다중일 일즉일체 다즉일. 일미진중함시방 일체진중 역여시라고 하지 않은가. 그러므로 시간도 없고, 공간도 없으니 원융무이상의 자리인 것이다. 그 자리에서 마음을 여의하게 되면 온갖 화엄세계가 펼쳐진다.

법성은 마음이다. 진성심심극미묘한 마음인 것이다. 그래서 일체유심조(一切唯心造)라고 했다. 여기서 나오는 心은 본래의 마음자리의 心이지, 중생이 머릿속에서 생각하는 마음이 아니다. 그 마음은 心이 아니라 思이다. 불교에서는 心(심)을 법의 근본이라고 생각한다. 〈법성게〉의 한 구절인(앞에서 논했지만) 진성심심극미묘의 心(심)과 『반야심경(般若心經)』의 心

(심), 이 心을 모양을 보고 논해보자.

어떤 이는 심장의 형태를 본떠서 만든 거라고 하지만, 필자는 이 글자가 한자이기 때문에 도가 사상을 빌려서 설명하고자 한다. 본래 이 우주는 무극에서 태극이 되고, 태극에서 음양이 나오고, 음양의 조화에 의해서 만물이 탄생한다고 했다. 이 역시 빅뱅의 이론과 비슷하고 〈법성게〉와도 비슷하다. 글자의 모양으로 풀이해 보면 다음과 같다. '心' 자는 'ㅡL='과 같은 꼴이다. 즉, 'ㅡ(하나)'를 말하는 것이고(이 자리는 야훼의 자리, 공의 자리, 빅뱅 이전의 자리라 할 수 있다), 'L은 중도의 자리, 극미묘의 자리, 『반야심경』의 저 언덕의 자리이다. '='은 음양의 자리, 빅뱅 이후의 자리, 즉, 인연에 따라 생성되는 화엄세계를 말한다. 그러므로 心은 하나, 空, 빅뱅 이전, 도, 야훼에서 극미묘의 자리, 중도의 자리, 말씀의 자리이기 때문에 음양의 세계, 빅뱅 이후의 우주, 천지창조의 세계, 화엄세계가 열리는 법계 전체를 아우르는 말이다.

이로서 〈법성게〉의 내용을 내 나름대로 펼쳐 보았다. 의상 스님한테 검증받았으면 좋겠지만 그럴 수도 없음이 아쉬울 따름이다. 무간지옥에 갈까 봐 겁나지만 아는 대로 쓰고 싶은 욕구를 잠재우기에는 수양이 부족하다. 내가 만약 스님의 말씀을 잘못 이해하고 방정을 떨었다면 벌 받을 수밖에 없는 일이다.

나무(南無) 의상조사님.

제4부

이 뭐꼬?

깨달음의 세계

깨달음이 무엇인지 나는 통 알 수가 없다. 그건 識(식)의 문제이기 때문이다. 나 같은 사람은 육식(六識)까지만 알고 그 이상의 식은 알 수 없다. 불교에서 칠식, 팔식, 구식, 십식을 이야기하니까 그런가 보다 하고 있다. 칠식 이상은 오직 수행에 의해서만 알 수 있다고 한다. 깨달음의 경지를 설명하는 단어로서 돈오돈수(頓悟頓修), 돈오점수(頓悟漸修), 점오점수(漸悟漸修)가 있다. 성철 스님은 돈오돈수를 주장하면서 보조 지눌 스님이 돈오점수를 얘기했다고 못마땅해하시기도 했다.

돈오는 한 번에 확철대오(廓徹大悟) 해서 見性(견성)을 해 버리는 것이고 돈수는 돈오를 하는 순간 체득되어버리는 것이므로 돈오해 놓고 점수하는 것은 맞지 않는다고 했다.

점오점수란 한 걸음씩, 한 발자국씩 깨닫고 닦아가는 것이다. 선사들은 이것을 알음알이로 알아가는 것이므로 아무리 공부해도 지식만 늘어날 뿐 견성은 못한다고 한다. 언젠가 TV 프로그램에서 도올선생이 점오점수는 이해하겠는데 성철 스님의 돈오돈수는 도통 이해할 수 없다고 했다. 지식과 지혜는 다르다고 불교에서는 이야기한다. 불경을 아무리 달달 외워서 이해해도 그것은 지식만 쌓일 뿐, 지혜는 얻을 수 없다고 했다.

그것은 수행해야만 체득되는 識의 문제이기 때문이다. 육식에만 머무는 중생이 그 이상의 식의 세계에 대해서 알 수가 없는 건 너무 당연하다. 꿀 먹은 벙어리의 손짓, 발짓만으로 우리가 어떻게 꿀맛을 알까. 아니, 말 잘하는 사람이 꿀 먹고 표현해 주어도 그 말만으로 우리는 꿀맛을 알 수 없다. 내가 먹어봐야 그 맛을 알 수 있다.

성철 스님이 입적하실 때에 임종게를 남겼는데 그 내용 중 일부에 "내가 한평생 거짓말로 중생을 속여서 죽으면 무간지옥에 떨어질 것이다."라는 구절이 있다. 불교를 못마땅해하던 사람들이 "그 봐라. 너희들이 최고 선사라고 하는 사람이 죽으면서 평생 거짓말만 했다고 고백했지 않나. 그런 걸 믿지 말고 우리 것을 믿어라."라고 떠들어 댔었다.

성철 스님이 하신 말의 참뜻은 남을 알아듣게 잘 공부 시키지 못한 것에 대한 후회다. 즉, 내 말 듣고 견성한 사람이 없다는 것은 결국, 내가 한 말이 거짓말이 된 꼴이 되었지 않았나 하는 데서 오는 자괴감이다. 결국, 각자의 수행에 견성이 달린 것이지 선사의 말만 듣는 것은 소용이 없다. 꿀맛을 설명한 그 말은 살아서는 한 사람이라도 견성시켜 보려고(꿀

맛을 알게 하려고) 열심히 장광설을 한 것인데 지내놓고 보니
거짓말한 꼴이 된 것이다. 그 말인 것이다.

불기 2562년이 되었건만 아직도 돈오돈수가 있느니, 없느
니, 돈오점수를 해도 된다느니 하면서 떠드는 스님들이 있어
서 불법은 논쟁 속에서 이어져 가나 보다. 수행은 않고 말로
만 깨달은 척만 하면 진짜로 무간지옥에 갈 것이다.

깨닫고 나면 뭐든 다 알게 되나?
다 할 수 있나?

깨달음을 증득하면 대게 신통력을 얻게 된다고 전해 듣는다. 육신통(六神通) 중에 오신통까지는 정도의 차이는 있겠지만, 얻을 수 있다고 하는데, 이중 누진통(漏盡通)은 오직 부처가 제일 크게 깨달아 뭇 사람들의 뭇 질문을 한 치의 망설임 없이 답해 주신 게 바로 8만 4천 법문이다.

깨달음이 어떤지는 깨달은 자만 알 수 있을 것이다. 그래서 그네들끼리의 상호 점검하는 것을 두고 선문답이라고 하는데 보통 사람은 들어봐야 도무지 그 뜻을 알 수가 없다. 깨닫고 나면 뭐든 다 알 수 있고 뭐든 다 할 수 있다고 생각하는 사람들이 많다. 내가 들은 이야기 두 개를 이 책에서 이야기해서 깨달음이 어떤 것인지 어렴풋이 짐작하고자 한다.

▶ **첫 번째 이야기**

임진왜란 때 사명대사의 활약은 눈부셨다. 왜적을 직접 물리치시고 -유생들이 사명대사를 골리기 위해 "불가에서는 살

생을 금하는데 스님께서 이러시면 됩니까?"라고 질문하니 대
사 왈, "미친개는 죽여야지, 그대로 두면 많은 사람이 다치지
요."라고 대답했다는 일화도 있다- 전쟁이 끝나고 선조가 일
본과의 조약을 맺으려고 관리를 보내려고 했으나 겁이 나서
아무도 나서지를 않자 할 수 없이 사명대사에게 부탁해서 일
본에 가서 강화조약을 맺고 오게 하명했다. 이에 대사가 일
본에 당도하니 왜놈들이 대사가 생불이라고 소문났으니 정말
인지 시험해 보자고 하고 대사에게 뜨거운 무쇠 말을 타라고
하거나 구리로 만든 방에 가두어 놓고 불을 지르는 등 갖은
방법으로 대사를 괴롭혔다. 그러나 온갖 짓을 해도 대사는
신통력으로 이를 다 물리치고 결국 일본인을 감화시켜 조약
을 맺고 포로로 잡혀간 우리 백성 삼백여 명을 대동하고 돌
아오셨다. 여기까지는 실화이고, 야사에는 왜놈 불알 서 말을
해마다 진상 받도록 서약을 받아왔다고도 한다.

　이렇게 신통력이 부처님의 제자 목건련보다 나은 우리의 사
명대사 님이었지만 대사님이 직접 쓰신 일기장에는 어금니가
아파서 심히 고통스러웠다고 기록하셨단다. 이건 무슨 이야
기인가. 인간은 정신세계도 있지만, 육신을 결코 떠날 수는
없는 것이다. 깨달음의 세계, 삼매의 세계에는 육신의 고통이
없어지지만, 사람인 이상 밥도 먹고 일도 하고 이야기도 하려
면 다시 육신 상태 육식의 세계에서 있어야 한다. 그래서 신
통력은 있어도 이빨은 아프다. 부처님도 그랬다. "아난아. 나

는 이제 늙어서 낡은 수레와 같다.""아난아. 목건련도 가고, 사리자도 가고 나니 무척 쓸쓸하고 외롭구나."

▶ 두 번째 이야기

3.1운동 당시 민족대표 33인 중의 한 분이신 백용성 스님에 관한 이야기를 하고자 한다. 이 스님도 크게 깨달은 스님으로 알려져 있다. 전해오는 이야기로는 이 스님이 움막에서 수행하실 때 삼매에 들면 광배(오로라, 후광)가 얼마나 크게 비치는지 아랫마을 사람들이 스님의 움막에 불이 난 줄 알고 물통을 들고 뛰어간 적이 있었다고 한다.

이 스님이 3.1운동 이후 일제에 끌려가서 서대문 형무소에서 옥살이를 하셨다. 옥살이하면서 또 한 번 크게 깨치신 것으로 유명해졌다. 민족대표 중에는 기독교, 천주교 대표들도 있어 같이 옥살이를 했는데, 각자 제자들이 찾아와 면회도 하고, 사식도 차입해드리고, 기도도 같이하고 했다. 불교도인들은 기도만 하고 맨숭맨숭 앉아 있는 데 반해 기독교, 천주교 신자들은 찬송가를 부르며 분위기 쇄신을 하고 있었다. 이때까지만 해도 불교는 의식용 춤과 음악이 있었지만, 찬불가는 없었던 것이다. 용성 스님은 이때 포교 방편에 대해 크게 깨치셨다. "아, 바로 저것이다. 우리도 찬불가를 만들어 불러야 한다." 그래서 용성 스님께서는 복역이 끝난 후 친히 찬불가를 지으시고, 또 음악 하는 사람들을 불러모아 더 많이 작사·작곡케 하여 널리 찬불가 보급에 앞장섰다. 깨달음이란 이런 것이 아닐까. 선지식으로서의 깨달음도 있지만, 세속적인 깨달음도 중요하다는 것을 용성 스님께서 보여주셨다. 선지식으로 깨달음은 얻어도 모든 것을 다 아는 건 아니라는 것을 보여주신 것이다.

원효 스님의 가르침

　일체유심조(一切唯心造)는 부처님의 가르침인데 원효 스님이 의상대사와 함께 당나라 유학을 간다고 배를 타기 위해 지금의 경기도 화성시 서신면에 있는 당성으로 가는 도중에 충남 천안 근방의 어느 동굴에서 하룻밤을 자면서 마신 해골바가지 물 일화 때문에 그 뜻이 잘못 쓰이고 있어서 안타깝다. 원효 스님 당신께서도 처음 깨달은 것은 心이 아니고 思인 것 같다. 깜깜한 밤에 아무것도 안 보일 때 맛있게 마신 바가지 물이 밝은 아침에 보니 그 바가지가 해골이니 구역질이 나는 것은 인지상정이다. 한참 구역질하면서 생각해 보니 엊저녁과 달라진 것이 뭐가 있나, 그것은 내 마음밖에 더 있나. 불법에 일체유심조라 했으니 이것과 같다. 바뀐 것은 내 마음밖에 더 있나. 그래서 유학을 포기했다는 이야기다. 이때까지만 해도 원효 스님의 마음은 사념에 지나지 않았다.

　동일한 사건에 대해 내 한 생각 때문에 다른 판단이 일어난다. 그러므로 모든 일은 마음먹기에 달린 것이다. 그래서 일반인들이 아는 일체유심조는 마음 바꿔먹기, 달리 생각하기, 마음 고쳐먹기 등으로 변형되고 오용되고 있다. '생각하기 나름이다.' '마음먹기 나름이다.' 등 이것은 이것대로 큰 깨달음에 속하기도 한다. 부정적인 생각을 긍정으로 바꿀 수 있고 지옥 같은 마음을 천당으로 인도할 수 있는 길이기도 하다. 마음의 대 전환을 일으킬 수 있다. 그래서 흙수저를 물고 태어난 사람이 큰 성공을 할 수 있고 그 반대의 경우가 생기기도 한다. 우리는 마음을 잘못 먹어 금수저 물고 난 놈도 패가망신하는 걸 종종 본다. 세상만사가 마음먹기에 달렸다는 노래도 있다. 이때의 일체유심조는 내 마음(즉, 생각, 사념)먹기에 따라 변화시킬 수 있다는 뜻이겠다. 그러나 진짜 일체유심조의 참뜻은 〈법성계〉의 한 구절 '진성심심극미묘, 초발심시변정각'의 '心'을 알아야 제대로 알았다고 할 수 있다. 원효 스님도 처음 느낀 일체유심조의 心과 나중에 『대승기신론소』를 지으실 때의 일체유심조의 心은 확연히 다름을 깨달았을 거라고 감히 생각해 본다.

원효 스님이 일체유심조의 심을 알려고 수행하시고, 마침내 심을 깨달아 단계별로 우리에게 보여 주시고 깨우쳐주신 바를 아는 대로 떠들어 볼까 한다.

스님은 많은 책을 저술하셨는데 그중에서도 『대승기신론소』는 온 세계 -불교에서만큼은 동양 삼국(한·중·일)이 온 세계와 같다고 생각할 수 있다- 에서 인정하는 저술이다. 원래

『대승기신론』은 중국의 마명 스님이 지었다는 설이 유력하다. 이 책에 설명을 붙여서 소(疏)라고 했는데 소의 내용이 원작의 내용보다 뛰어나다고 모든 불교학자가 인정한다고 한다. 읽어보니 과연 원작보다 더 자세히 설명해 놓으셨는데 어렵기는 마찬가지이다. 무슨 말씀인지 모르기도 하지만, 자세히 따지고 설명했는데 그 내용이 너무 방대하고 난해해 읽어나가다 보면 앞에 뭐가 있었는지 기억이 안 날 정도다. 암기력이 특히 뛰어나야 겨우 따라갈 수 있지; 보통의 암기력으로는 수십, 수백 번은 읽어야 조금 알 것 같다. 여기서는 心(심)을 찾기 위해 識(식)을 수단으로 이용한다. 단계별로 육식에서 칠, 팔, 구, 십식까지 도달하기 위해서 해야 하는 방법을 나열했는데 이론으로 따져서 그렇다는 것일 뿐, 사실 식은 수행으로서 그곳에 다다르지 않으면 이해할 수 없다. 우리가 잘 안다고 생각하는 육식마저도 잘 관찰하지 않으면 건성으로 아는 것처럼 느끼며 살아가는 게 식이다. 어쨌거나 원효 스님은 마침내 십식까지 가서 心을 깨달아 소를 지으신 게 틀림없다. 그런데 소를 읽고 이해하는 사람이 손가락에 꼽을 정도도 안 되니, 일반 백성들에게 불법을 전하기는 틀렸다는 것을 깨달았을 것이다. 그래서 스님 스스로 중생들, 일반 백성들 속으로 들어가서서 전법을 하신 것이다. 이는 일반 사람들이 보기에 파계승이나 땡중같이 보였을 것이고 특히 승단에서 볼 때는 못마땅하고 이해도 안 되는 행위였다. 승단에 있는 고승

(고고하다고 자처하는 승)들은 자기들 위신에 관계된다고 생각해서 그를 승단에서 쫓아내 버렸을 것이다. 극단적 원리주의자들은 예나 지금이나 생각의 틀에서 벗어나지 못하는 좀스러운 자들이다. 그가 대중들에게 뛰어들어 처음 설법한 것이 저잣거리에서 곡차(술)를 마시고 노래(<무애가(無碍歌)>)를 부른 것이다.

우리가 원효 스님의 설법을 이해하려면 스님이 살았던 그 시대를 알아야 한다. 그 시대는 삼국통일을 한다고 삼국끼리 많은 싸움을 하고, 많은 사람이 죽고 다쳤으니 곡소리 안 나는 집이 없을 정도로 처참한 시대였다. 죽은 사람은 죽어도 산 사람은 또 살아야 한다. 그들에게 살아야 할 명분과 마음을 일으켜 주어야 한다. 언제나 살아가야 할 사람은 개개인, 즉 자기 자신들이고 용기를 내어야 할 사람도 본인이며 마음을 내는 것도 본인이다. 그러나 낙담해 있을 때는 그게 어디 말처럼 쉬운 일인가. 이때 필요한 게 종교의 힘이다. 그리고 이를 알아듣기 쉽게 설하고 가르쳐 주는 게 종교인이 할 일이다. 그래서 원효 스님이 생각해 낸 설법이 바로 술 한잔 먹고 노래 부르면 슬픔을 극복할 수 있다는 것이었다. 그리고 그것을 모범으로 보인 행동이 저자에 나가 곡차를 마시고 <무애가>를 부르는 모습을 보인 가르침이다. <무애가>가 어떤 내용인지 전해지는 게 없으니 알 수 없지만 아마 스님의 오도송이었을지도 모른다. 물론 들어봐야 무슨 소리인지 모르기는 마찬가지겠지만, 어쨌든 노래 부르는 방법이 슬픔을 달래는 데는 효과가 있음을 알고, 거기에 술 한잔까지 걸치면 금상첨화다. 어쨌거나 일반 사람들이 보기에는 '유명한 스님이 술을 드시고 노래 부르는 걸 보니, 우리 같은 백성이야 일러 무삼하리오. 우리도 스님 따라 술 한잔 걸치고 노래 부르면서 슬픔을 딛고 살아가세.'라고 했을 것이다. 스님의 일차 가르침이 성공한 것이다.

그다음으로 보여주신 설법이 저 유명한 요석 공주와의 사랑이고 설총의 탄생이다. 불교 방송 중에 어느 날 진행자와 대담자가 이야기를 나누다가 원효 스님 얘기가 나오자 이런 말을 했다. "불자들이 원효 스님 이야기를 하면서 『대승기신론소』를 저술하신 훌륭한 분이라고 자랑하다가 상대편이 '그 스님은 요석 공주와 관계해서 설총을 낳지 않았느냐? 불교에서 말하는 사음계(邪婬戒)를 범했으니 파계승이 아니냐?'고 하면 그만 불자들이 대답이 궁해 우물쭈물 넘어가고 말지 않습니까. 저도 일본 사람들과 원효 스님 얘기를 하다가 이 부분만 나오면 그냥 어물쩍 넘어가고 맙니다만, 사실 스님이 계율을 어기신 것은 엄연한 사실입니다. 그래서 그 당시 승단에서 축출되고 스님 본인도 그 이후로 그냥 속세에서 사시다가 가셨잖습니까. 장례식도 설총이 치르고." 이 이야기를 듣고 한평생 불교학을 공부하신 분이 어찌 스님의 마음을 헤아리지 못하는지 답답했다. 여기에 감히 속세의 무명거사가 원효 스님의 참 마음을 밝혀 보고자 한다.

먼저 사음에 대해서 한번 생각해 보자. 아내 이외의 여자와 관계를 맺는 것을 사음이라고 하지, 아내와의 사랑은 사음이 아니다. 부처님도 『승만경(勝鬘經)』에서 남편은 아내를 사랑하고 잘 대해주고 좋은 말로 위로해 주라고 했다. 심지어 가끔 보석을 선물하여 아내를 기쁘게 해 주라고 하셨으니 아내와의 사랑은 권장할 사항이다. 그러므로 불교 계율에서 불사음은 다른 여자를 넘보지 말라는 거다. 다른 여자 아닌 자기 여자는 꼭 아내여야 할 이유는 없다고 본다. 한 여자, 한 남자가 서로 순정을 다 바쳐 사랑하고 한눈팔지 않고 살면 그것은 사음이 아니다. 그러므로 원효 스님과 요석 공주와의 사랑은 적어도 사음은 아니므로 파계했다고 말할 수 없다. 더구나 스님은 이미 생불의 경지에 이르러 원리주의는 벗어난 경지다. 그리고 중생들에게 삶이란 이런 것이라고 가르침을 주신 것이다. 결혼해서 자손 낳고 살아가는 게 삶이라고. 그게 불법이라고.

더구나 당시는 전쟁 끝나고 인구가 많이 줄어든 상태가 아닌가. 출산장려를 위해서 스님 스스로 모범을 보이신 거다. 보아라. 삶이란 애 낳고 술도 한잔하고 노래도 하면서 슬픔을 극복하고 새로운 희망을 품고 살아가는 게 인생이라고 모범을 보이신 게 설총의 탄생이다. 여기서 문득 궁금해지는 게 있다. 부처님께서 득도 후에도 라홀라(羅睺羅, 장애물)를 라홀라로 생각했을까. 성철 스님도 끝까지 不必(불필, 출가 전에 낳은 딸을 출가에 방해된다고 지은 이름)이를 不必하다고 생각했을까. 아마 득도 후에는 그렇게 생각하지 않았으리라 믿는다. 사음과 간음에 대하여 사족을 한번 달아보면 둘 다 아내 이외의 딴 여자와 부적절한 관계를 뜻한다. 필자는 어린 시절 할머니를 따라 가끔 절에 가보곤 했다. 그러다가 중학교에 가서 선배에게 이끌려 전도관이란 곳에서 『성경』을 처음 접하게 되었다. 성경을 보니 엄격한 계율이 10개나 되는데 그중 가장 지키기 어렵고 매일 매 순간 나를 죄인으로 만들 수밖에 없는 구절이 있었으니, "마음으로 간음한 자는 이미 간음했느니라." 였다. 사춘기에 막 접어든 나는 도저히 그 계율을 지킬 수 없을 것 같았다. 마음으로 간음 안 하는 사람은 예수밖에 더 있을까. 건강한 사람이 어떻게 이성과의 관계를 생각하지 않을 수 있을까. 한순간 지나가는 예쁜 여학생을 보며 엉큼한 생각을 하면서 간음죄를 저질러 놓고 돌아서서 참회해야 하는 삶을 산다면 난 평생 아무것도 할 수가 없을 것 같았다. 그래서 다가설 수 없었다. 그 이후에도 진리를 찾으려고 가끔 『성경』을 읽어봐도 금기 사항이 많고 실천하기 쉽지 않은 많은 말이 나를 『성경』에서 멀어지게 만들었다. 그래도 <법성게>에 대한 글을 쓰기 위해 야훼의 <창세기>를 읽으면서 너무 같은 점이 많아서 그것만 신봉하게 되었다.

각설하고, 원효 스님의 마지막 설법 "염불을 해라."에 대해 살펴보고자 한다.

깨달음을 얻기 위해서는 수행밖에 없다는 것은 스님 자신이 제일 잘 알았을 것이다. 많은 책을 지으시고 『대승기신론』에 소까지 붙여 봐도 지식만 늘어나지 깨침과는 거리가 멀다는 걸 느꼈을 것이다. 부처님도 그때까지 알던 모든 지식을 버리고 오직 수행에만 정진해서 무상정등정각(無上正等正覺)을 이루신 것이다. 수행이란 삼매에 들어가는 길을 찾아서 그 속으로 들어가는 것이다. 이게 보통 사람으로서는 이해도 안 되고 정진을 좀 해봐도 큰 진전이 별로 없는 게 사람에게 절망과 회의를 일으키게 한다. 누생의 정진인연과 근기가 있어야 이루어진다니 어렵긴 어렵고 쉽게 되지 않는 게 보통 사람의 근기다. 그러나 꾸준히 하면 시절인연이 도래하여 결과를 얻을 수 있다. 마치 앙상한 가지에 뭐가 열릴 것 같지 않은 겨울이 지나면 봄이 와서 꽃이 피고 여름의 뜨거운 열기를 받아들여서 가을에는 먹음직한 과일이 열리는 것과 같다.

깨달음을 얻기 위한 삼매에 들어가는 방법이 몇 가지 있지만 제일 쉬운 게 염불이다. 조계종에서 참선화두를 들고 하는 거나 염불을 들고 하는 거나 삼매에 들기는 마찬가지다. 그러면 스님은 왜 신라의 백성들에게 염불송을 가르쳤을까. 그것은 아마 조계종의 참선화두가 일반 백성에게는 더 큰 혼란을 일으키는 문제가 있다고 판단하셨기 때문이다. 화두는 공안이라고 하는데 그 가짓수가 무려 1,700개가 넘는다고 한다. 조주 스님의 무(無)자 화두에서부터, '뜰 앞의 잣나무' '삼세근(우리나라에서는 '이 뭐꼬'로 부른다)'이라기도 하고 "차나 한잔하고 가시게."도 있고 심지어 '똥 친 막대'라고도 하니 보통 백성에게는 되레 걸림이 되어 삼매에 들어가기 힘든 것이다. 그러나 염불은 뜻도 금방 와 닿고 발음도 율(律)도 하기 좋으니 염불송을 권장하셨으리라 짐작해 본다. 염불삼매에 들면 어떻게 될까. 난 아직 육식 이상에 들어가 본 적이 없어 뭐라고 그 경험을 이야기해 볼 수가 없다. 그러나 최면에 걸린 사람을 본 적이 있어 그 경험담을 얘기해 보고자 한다. 육식의 다음식은 칠식이라고 하는데, 잠재의식이라고 하여 최면을 걸어서 도달할 수 있다고 한다. 칠식이 잠재의식이고 최면인지는 나는 잘 모른다. 선승의 칠식과 일반인이 최면 상태에 있는 식이 정말 같은 것인지 궁금하다. 다만 내가 본 최면상태의 놀라운 경험을 얘기해 보고자 한다.

60여 년 전, 내 나이 10~12세 정도였을 때 우리는 고만고만한 또래의 애들끼리 소 풀 먹이러 산에 가는 일이 봄부터 가을까지 늘 하는 일과였다. 산에 가서 소는 산에 올려놓고 공기놀이, 술래잡기 등 온갖 놀이를 하면서 시간을 보냈다. 그런데 어느 해 '춘향이 이 도령'이라는 놀이가 생겨났다. 마치 십수 년 전에 초등학생들이 분신사바 놀이를 한 것과 거의 같은 놀이다. 최면 놀이인 것이다. 춘향이를 할 애가 정해지면 그 애는 양반다리를 하고 앉아서 두 손을 합장하고 눈을 감는다. 손바닥 사이에는 조약돌을 잡고 거기에 집중하는 것이다. 나머지 애들은 "벌어진다. 벌어진다."라는 말을 끝없이 쏟아낸다. 놀랍게도 3~4분이 지나면 합장한 두 손이 벌어지기 시작한다. 최면이 걸리기 시작하는 것이다. 1~2분 정도 애들이 주문을 더 외우면 두 팔이 완전히 180°로 벌어진다. 이때부터 신기한 일이 벌어진다. "춤을 추라."고 하면 그만두라고 할 때까지 계속 춤을 추고, 이 도령이라고 지목한 애가 숨어 있는 곳을 눈을 감은 채로 비틀거리지도 않고 정확한 걸음으로 가서 찾아낸다. 애들이 재미있다고 깔깔대며 이래라저래라 하면 다 한다. 한참 지나면 애들의 궁금증도 다 해소되고 약간 두려움과 무서움이 들기도 한다. 쟤가 영영 깨어나지 않으면 어쩌나 하고. 그래서 애들이 흔들고 때리고 해서 억지로 최면 상태에서 깨우면 한동안 넋 나간 사람처럼 멍하니 있다가 제정신을 찾는데 머리는 깨지는 것처럼 아프다고 했다. 나도 춘향이가 되어보려고 시도해 보고 딴 애들도 몇 명이 해 봤지만, 최면에 걸리지 않아 그 놀이는 곧 시들해졌다. 최면에 잘 걸린 그 애는 머리가 아파서 하기 싫다는 데도 여럿이서 우격다짐으로 한 번 더 그 상태를 경험하라고 해서 시도해 봤다. 그 이후로 어른들이 알아서 야단을 친 데다 그 애도 다시는 안 한다고 하고 최면 걸리는 애도 더 없고 해서 그 놀이는 다시 볼 수 없었는데, 일본에서 시작해서 우리나라로 건너온 분신사바 놀이가 가끔 신문에 나서 옛 생각이 나게 한다.

각설하고, 최면이 칠식인지 모르겠지만, 보통 사람은 칠식에 들기도 힘들지만 빠져나오기는 더 어려운 것 같다. 하물며 고차원수행자는 팔식을 거쳐 구식, 십식까지 들어갔다 나온다고 하니 경이롭다. 수행의 정도에 따라 얼마나 빨리 십식까지 도달하고 얼마나 빨리 나오는지 -머리 아프지 않고- 여부가 결정되는 것 같다. 부처님은 삼매에 들어갔다 나오기를 마치 사자가 덤불에 뛰어들고 나는 것같이 하셨다니 그분 아니면 누가 하랴. 설법해 주고 사람을 상대할 때만 육식에 머무르고, 일 없으면 그냥 삼매에 드신다니 부럽다. 그런데 나도 수행만 열심히 하면 그렇게 될 수 있다고 가르쳐 주신 석가모니는 정말 위대하시다.

이상으로 원효 스님의 가르침을 대충 살펴보았다. 원효 스님은 파계승이 아니다. 보통의 승보다 월등히 뛰어난 경지에 계셨던 분이다. 가끔 신문에 땡중이나 어중이떠중이들이 원효 스님 흉내를 내며 세상을 어지럽히고 희롱하는 것을 보며 그것들이 무간지옥을 몇 겹이나 가 있으려고 그러는지 걱정된다.

복 달라고 하면
왜 안 되는 건지?

젊은 스님을 눈 푸른 납자(衲子)라고 한다. 얼마 전 진짜 눈 푸른 납자 현각 스님이 한국 불교에 실망해 한국을 떠나겠다고 SNS에 글도 올리고 인터뷰도 해서 불자들을 당혹하게 했다. 실망한 이유가 좀 실망스럽다. 한국 불교는 기복 불교로 흐르고 조계종은 그들만의 리그를 하면서 외국에서 공부하러 온, 수양하러 온 스님들을 액세서리 취급을 해서란다. 맞는 말이고 실제 그렇기도 한 부분이 많이 있다고 해도 수행자가 할 말은 아닌 것 같다. 그들만의 리그. 사실 어느 단체나 조직이나 그들만의 세상이 따로 있는 것은 사실이다. NGC(National Geographic Channel)만 봐도 동물들의 세계에도 주류나 비주류는 항상 존재함을 알 수 있다. 이는 무리를 이루는 개인들의 속성인 동시에 무리를 보존하려는 자연의 섭리에 의해 무의식적으로 하는 행동일 뿐이다. 벌을 연구한 곤충학자가 발표한 논문을 보면 부지런한 벌은 20% 정도이고 80%의 벌은 게으르다고 한다. 부지런한 벌 20%를 따로 떼어 놓으면 다시 20:80의 비율로 나뉘고, 게으른 벌 80%를 따로 떼어 놓으면 거기서도 20%의 벌은 부지런해진단다. 게으른 놈이 많은 것이 종족 보존의 섭리라고 한다. 즉, 예비군이 많아야 종족을 보존할 수 있는 것이다. 이 중에서도 부지런한 20%가 인간이 보기에 그들만의 리그를 하는 것처럼 보이는 것이다. 사람 사회도 주류보다 비주류가 많고, 비주류는 소외감을 느끼며 살아간다. 사람이니까 느끼는 감정이지 벌은 아마 그렇게 생각하지 않을 거다. 비주류는 주류가 되기 위해서 상존하는 거라고 생각하면 억울할 것도 없고 억울해서도 안 되는데 사람이니까 잘 안 되는 것 같다. 이런 점에서도 사람이 벌이나 개미보다 낫다고 할 수 없을 것 같다.

나처럼 재야 거사도 알 수 있는 법성을 25년 동안 수행했다고 자랑하는 현각 스님이 그런 말을 했다니 아까운 세월이 많이 지나갔다는 생각이 들었다. 다른 법성이나마 좀 건졌는지 궁금하다.

또 기복신앙에 대해서도 한 마디 해보려고 한다. 사람은 누구나 복을 바라고 살아가고 있다. 무슨 종교를 믿든, 아무것도 믿지 않든 누구나 복을 바라고 빌고 살아간다.

복이란 무엇인가. 기복이 무엇인가. 복은 현재보다 더 나은 상황이 됨을 말하고 기복은 그렇게 되기 위해 간절히 바라는 것이다. 그러므로 우리는 누구나 복을 빌고 바라고 산다고 할 수 있다. 종교는 아편이라고 철저히 배척하는 공산 세계에 사는 사람일지라도, 각 개인은 누구나 자고 나서 눈만 뜨면 어제보다 더 나은 하루가 되어 달라고 염원할 것이다. 왜냐하면, 사람이니까 그렇다. 욕망이 있으니까 그러하고 욕심이 있으니까 그렇다. 욕망은 삶의 에너지원이기 때문이다. 이 에너지는 너무 강해서 범람하면 그 사람을 파멸시키는 힘을 함께 가지고 있기 때문에 잘 사용해야 하는 문제점이 있다. 성장과 파멸을 일으키는 양날의 칼이다. 어느 쪽을 선택할지는 개인의 자유다. 파멸을 원하는 이는 없고, 다들 성장을 원할 것이다. 그러나 더 큰 성장을 원하다가 한순간 파멸의 구렁텅이로 빠지는 인물들에 관한 사건이 매일 뉴스를 장식하는 게 우리 세상이다.

이렇듯 우리는 항상 복을 갈구하고 있다. 바라는 것이 복이다. 그런 면에서 수행자가 깨달음 얻고자 하는 것도 따지자면 기복이다. 신통술을 얻고 싶고 축복받고 싶고, 이런 것 중에서 기복 아닌 게 어디 있나. 인간 세계에서 부처님만이 기복에서 벗어난 분이다. 그리고 우리 모두 부처가 될 수 있다고 했다니 부처가 되기만 하면 기복 하는 마음에서 벗어날 수 있다. 어떻게 하면 부처가 될 수 있을까. 〈법성게〉를 다시 한번 읽어보시라.

빌면 소원이 다 이루어질까?

빌기 나름으로 조금 이루어질 수도 있고 많이 또는 전부 다 또는 하나도 안 이루어질 수 있는 게 비는 것이다. 기도라고 해도 좋고, 서원이라고 해도 좋고, 소망이라고도 하고, 치성이라고도 한다. 기독교나 천주교에서는 기도 또는 소망이라고도 하고 불교에서는 서원 또는 기도라고도 한다. 무당이나 샤먼은 치성을 드린다고 한다. 내가 어릴 적에 나의 할머니는 절에 가서 기도하고, 집에서는 장독대에 물 떠놓고 빌고, 조왕신(햅쌀 담은 작은 단지)한테도 빌고, 물에 가서는 용왕님한테도 빌고, 큰 바위에 가서 산신령께 빌고, 서낭당에도 빌고, 당산나무에도 빌고, 조상님 무덤에서도 빌었다. 대보름날 달님에게도 빌고, 설날 떠오르는 태양에게도 절하고, 북두칠성에도 빌고, 삼태성에도 빌었다. 현재보다 조금이라도 잘 살게 해 달라고도 하고 자손들 무탈하게 잘 자라서 부귀영화를 누리게 해달라고 빌고 또 빌었다.

할머니의 셀 수 없는 기도와 치성 때문에 그나마 이렇게라도 살고 있다고 믿고 싶다. 기도의 힘을 믿는 사람 중에는 기도빨이 센 곳이 있고 잘 먹히는 곳이 있다고 한다. 주로 큰 바위가 그러한데 그 이유는 자기빨이 세서 그렇단다. 그래서 수행처는 동서를 막론하고 큰 바위 위에 많이 있다고 한다. 자기빨이 미치는 거리가 얼마인지 몰라도 지표 아래 암반 없는 곳이 거의 없고, 더 깊이 들어가면 마그마 없는 곳도 없다. 그러므로 내 생각에는 아무 곳에서 기도해도 기도하는 사람의 간절함과 삼매경의 정도에 따라 영험이 생길 거라고 믿는다. 기도가 통하고, 신비한 체험을 하고, 기적(과학으로 설명이 안 되는 결과)이 나타나는 현상은 그 정도는 다 다를지언정 우리 할머니도, 무당도, 샤먼도, 스님도, 목사님도, 신부님도 다 경험할 수 있다. 다만 차이가 생기는 이유는 기도하는 사람의 마음이 다 다르고 평소의 내공도 다 다르므로 영험도 다다르게 나타나는 것이다. 기복의 기도를 해서 복을 얻는 사람도 있고 저주의 기도(이것도 기도라고 하기에는 좀 그렇다. 집중이라고 하는 게 맞겠다)를 해서 남을 죽이기도 한다.

기도와 집중은 기를 모아서 그 기운을 마음에 투영하여 목적을 이루고자 한다. 그렇기 때문에 저주도 나쁜 것이지만, 이루어지곤 한다. 그러나 이 기운은 사악한 마음이 투영해서 만든 것이기 때문에 저주하는 본인은 그 기운이 소멸할 때까지 몇 겹의 지옥고를 겪을 것이다. 남을 위해 복을 빌어주면 받는 사람도 좋게 되겠지만, 본인은 그 기운이 다 할 때까지

복을 누리게 될 것이다. 기도빨을 제일 잘 받는 기도는 어떻게 하면 될까? 여기서 그 비법을 알려드리고자 한다.

첫째, 마음가짐이다. 마음을 청결하게 해야 한다. 비우면 더 좋다.

둘째, 나를 잊을 만큼 집중하고 삼매에 들어가야 한다. 가피(加被)를 입고 싶은 내용을 생각하고, 마음속으로 기원한 후에 삼매 속으로 들어가서 나를 만나는 것이다. 완전한 삼매 속의 나는 바로 부처이기 때문에 부처의 가피는 바로 나 자신의 가피이다. 말하자면 내가 소원하고, 내가 들어주고, 내가 이루어 주는 것이다. 바로 〈법성게〉의 이 구절에 해당한다.

能仁海印三昧中 繁出如意不思意(능인해인삼매중 번출여의불사의)

즉, 해인삼매 중에는 욕심내거나 잔머리를 굴리지 않는다면 뭐든지 여의롭게 이루어 낼 수 있다는 것이다.

박근혜 전(前) 대통령이 "간절히 원하면 온 우주가 우리를 도와준다."고 설해서 세간에 회자됐던 적이 있다. 권력이 있을 때는 수긍했던 사람들이 권력이 떨어지고 나니 실실거리며 비웃어대는 뉴스를 만들어 냈다. 사이비종교를 믿어서 하는 소리라고 몰아붙이는 걸 보고 인간의 본성에 대해 더 많은 생각을 하게 된다. 장미를 똥 친 막대기라고 불러 준다고 장미의 예쁨과 향기가 달라지나. 우주, 신, 하나님, 하느님, 부처님, 예수님, 알라님, 용왕님, 산신님, 똥 친 막대 등 그 어떤 것이든 말과 관념에 지나지 않을 뿐, 간절히 기도하는 마음의 본질은 다 똑같지 않은가. 내 마음의 본질과 우주의 본질이든 그 무슨 이름의 본질이든 다 같은 것이다. 법성원융무이상이고 무명무상이라고 하지 않았는가. 그걸 깨닫고 하나가 되는 순간 소원은 이루어진다. 왜냐하면, 모든 것은 空(공)에서 나왔기 때문이다.

인공지능이 일을 다 해주면

사람은 무슨 일을 하며 살아야 할까. 알파고가 사람을 능가하면서 모두가 미래에 대한 걱정이 태산이다. 우리의 손주들은 뭐 해 먹고 살 수 있을까 생각하면 불안감을 떨칠 수 없다. 그러나 지난 일을 돌아보면 앞으로도 살길은 생길 것이고 할 일도 만들어질 것이다. 맨손으로 살다가 나무나 돌을 연장으로 삼아 좀 더 효율적으로 일하기 위해 쇠를 만들고 기계를 만들어 더 많이 생산하고 더 편하게 살아온 지혜가 우리에게 있지 않은가. 알파고가 일하는 제4차 산업혁명 시대는 과거와는 다른 대량 실직 상태가 생길 거라고 큰 걱정을 하고 있고 실제 지금 그런 우려가 현실화되고 있다. 초기 산업혁명 때도 기계 때문에 생긴 실업자들이 기계를 부수고 변화에 저항했지만, 세월이 지나면서 새 일자리가 생기고 인류는 더 나은 삶을 구가하고 있지 않은가. 내가 지금 누리는 문명의 혜택은 불과 50여 년 전의 우리 할아버지 세대는 언감생심 꿈도 못 꾸던 것이다. 조선 시대 어느 임금이 지금 나처럼 편리하게 살기나 했나. 문명이 정신적 행복을 가져다주지는 못해도 신체적 편안함은 많이 주고 있음은 명백한 사실이다. 정신적 행복감이야 동서고금을 통해 봐도 그것은 순전히 개인의 감정 차원이다. 아무리 많이 가져도 행복함을 못 느끼는 사람은 예전에도 많았고, 지금도 많이 있고, 미래에도 많이 있을 것이다. 인간의 욕심이 끝이 없는 한 일거리는 반드시 생기게 마련이다. 우리가 좋아하는 음악 분야만 살펴봐도 그렇다. 레코드판에 음악을 담아서 듣던 때가 불과 4~50년 전인데, 기술의 발전으로 인해 어느 순간부터 음악을 카세트 테이프에 담더니 CD, DVD를 거쳐 이제는 칩이나 스마트폰에 음악을 담아 다니고 있지 않은가. 재활용 쓰레기 배출 자루에 그토록 각자가 애지중지하던 카세트테이프, 비디오테이프, CD, DVD를 마구 버린다. 귀찮은 물건이 된 것이다. 다른 좋은 게 나왔기 때문이다.

그렇다면 지금 버리는 그 물건들을 만들던 사람들은 다 실업자가 되었는가? 아니다. 지금 좋다는 물건을 만들고 있다. 앞으로도 그렇게 될 것이다. 알파고가 바둑을 잘 두면 한 대씩 사서 집에 두고 시간 날 때마다 한 번씩 대국하면 될 것이다. 음악 기기를 틀어 음악을 듣듯이. 카세트 기기, DVD 기기를 각자 사서 가지듯이 소형 알파고를 만들어 한 대씩 가지게 되면 소형 알파고를 만드는 사람이 필요할 것이다.

미래는 알 수 없다. 알 수 없기 때문에 두렵다. 그러나 알 수 없기 때문에 희망도 있고 호기심도 있어 삶의 원동력이 된다. 인공지능이 할 수 없는, 인간만이 할 수 있는 일을 생각해 내야 한다.

얼마 전 카이스트(KAIST, Korea Advanced Institute of Science and Technology) 교수인 김대식 님의 칼럼을 읽었다. 현재 IT 기기들이 소모하는 전력량이 전 세계 전력 시설에서 생산하는 전력량의 10% 정도인데, 현재 가장 성능이 좋은 슈퍼컴퓨터의 전기 소모량이 똑같은 계산을 할 때의 인간 두뇌 전기 소모량(에너지의 양으로 계산해서 나온 수치지만)의 수십만 배에 이른다고 한다. 즉, 효율성 면에서 사람의 머리가 슈퍼컴퓨터보다 수십만 배는 좋다는 것이다. 사람의 머리는 아무 곳이나 가져갈 수 있고, 가지고 다니는 데도 별문제가 없다. 그래서 IBM, 인텔, KAIST, KIST에서 뇌의 신경망 구조를 모방하는 반도체 개발에 도전하고 있다고 한다. 어떻게 연구하는지는 비(非) 전문가인 우리야 알 수 없지만 아웃사이더 입장에서 한번 이야기해 보고자 한다. 참고가 되면 좋고 콧방귀 낄 제안이라면 무시하면 된다.

지금의 디지털 시대는 모든 정보를 디지타이저해서 주고받는다. 디지털의 디(Di)는 둘을 의미한다. 즉, 상반된 두 인식 부호를 말한다. '음:양' '+:-' '이다:아니다' '옳다:그르다' 'Positive:Negative' 등이 그 예다. 어떤 식으로 표현하든 두 가지 상반된 부호로서 시작한다. 두 가지 신호로는 두 가지밖에 표현하지 못한다. 그래서 많이 만들기 위해 비트를 만들어 표시하다 보니 정보의 양이 커질수록 비트도 커지고 양도 늘어난다. 그러니 아무리 빛만큼 빠른 전자라 해도 비트를 만들기 위해 이합집산을 하려니 열이 날 수밖에 없다. 전자도 운동하면 당연히 운동에너지가 발생한다. 사람도 머리를 많이 쓰면 열이 조금 나기는 하지만, 이는 컴퓨터의 수십만 분의 일밖에 안 된다니 신비롭다. 왜 그럴까. 필자의 생각은 정보의 비트 단위가 다르기 때문이라고 생각한다. 사람은 DNA에 모든 정보를 담았다. 그 명칭은 A(아데닌), G(구아닌), C(시토신), T(티민)이다. 부호가 4개니까 당연히 디지털보다 비트가 커질 것이고 받아들이거나 주는 정보도 그 묶음이 커서 열도 덜 생길 것이다. 부호가 4개니까 Digital이 아니라 Tetragital이라고 해야 할 것이고 당연히 4진법으로 계산해야 할 것이다. 현재까지 밝혀진 바로는 DNA는 약 30억 개의 염기 서열로 이루어져 있다. 대부분은 작동하지 않는 무용지물이고 극히 일부만 활성화되어 있어 이것이 개체를 현현하게 한다는 것이다. 생명체의 DNA는 그 역사가 30억 년이 넘는다고 한다. 최초의 어떤 단세포 생명체에서 지금의 동물, 식물, 사람에 이르기까지 DNA는 그 근간이 거의 같다. 오직 4개의 염기서열에 따라 세균에서부터 코끼리까지 생겨난다고 한다. 그런 오랜 세월 속에 쌓여온 정보가 허접쓰레기가 되었다니 웃기지 않은가. 마치 수만 개의 부품으로 이루어진 자동

차를 보고 휘발유 넣고 시동 켜고 엑셀을 밟으면 나가는 물건이라고 하는 것과 같지 않은가. 이렇게 말하는 사람의 관점에서 보면 그 사람은 정작 볼트 한 개의 중요한 의미는 모르는 것이다. 마치 수많은 흙과 자갈로 다져진 길 위에 아스팔트를 깔아놓고 차는 아스팔트 위로만 다닌다고 하는 것과 같다. 보잘것없는 흙 알갱이 하나라도 중요하다는 걸 모르는 것과 같다. 그 하나하나가 모여 전체가 된다. 수십 년 전만 해도 맹장은 소용없다고 떼어버리는 사람이 꽤 많았다. 지금은 맹장도 중요한 기능을 하는 걸 알고는 일부러 떼지 않는 시대가되었다. 사람의 DNA도 어느 것 하나 아무짝에도 쓸모없는 것은 없을 것이다. 하나하나 개별적 특성을 파악하기도 어렵겠지만, 그것들이 유기적인 연관을 가지고 이루어내는 정보교환은 정말 무량수라고 할 수 있다. 30억 개의 염기서열을 4진법으로 계산해 본다면? 머리가 정말 열날 것이다.

알파고와 사람의 차이는 이렇게 확실하다. 알파고는 2진법밖에 모르고 사람은 4진법을 사용할 수 있다. 그러니 인공지능 시대를 너무 두려워하지 않아도 된다.

나는 무엇인가

불교에서 '참 나'를 찾는 게 부처가 되는 길이라고 한다. 참 나가 이 육체의 주인공이고 이 육체는 참 나의 명령에 따르는 물질 -지, 수, 화, 풍으로 이루어진- 이라고 한다. 살아 있을 때는 참 나와 육체가 잘 결합하여 유지하다가 죽으면 참 나는 떠나고 육신은 썩어서 다른 물질로 변해버린다. 거의 모든 종교가 참 나의 명칭이 다를 뿐, 죽으면 천국으로 가거나 극락으로 가고 나쁜 짓 많이 하면 지옥으로 가거나 지은 업에 따라 육도윤회를 한다고 한다. 지금 과학만을 믿는 사람은 참 나라고 하는 것도 육신이 있으므로 생기는 자아의식이며, 육신이 없어지면 다 같이 소멸한다고 주장한다. 예나 지금이나 온갖 이설, 이론이 난무하는 이유는 단 하나, 들이대는 관점 차이 탓이다. 그러므로 억만 겁이 지나도 이 문제는 풀리지 않을 것이다. 왜냐하면, 물질의 조합도, DNA의 조합도, 사람의 생각도, 무량수이기 때문이다.

어떻게 살아가야 할 것인가 I

　많은 사람이 『길가메시(Gilgamesh Epoth)』를 많이 인용한다. 사람이 영생은 못 하는 게 분명하고 한세상 살다 가는 게 확실하다면 처자식을 사랑하고 삶의 재미를 느끼고 살라는 메시지를 준다(요새는 영생을 꿈꾸는 과학자도 많다. 신체의 부품을 끊임없이 새것으로 바꾸고 뇌의 정보는 컴퓨터에 담아서 살아왔던 기억을 다 살려 놓으면 영생할 수 있다고 한다. 될지는 모르겠지만 끔찍하다. 자고 싶은데 잘 수 없고, 죽고 싶은데 죽지 못한다면 세상에서 과연 행복함만 느끼고 살 수 있을까).

　삶에 대해서는 예부터 좋은 이야기들이 수도 없이 많았다. 그런데 왜 사람들 중에서 좋은 삶, 행복한 삶을 못 살고 불행하다고 느끼는 사람이 많을까. 사람마다 자아의식이 다르기 때문이다. 그것이 어떻게 생기고, 유지되고, 변화되어 가는지 자기도 모르지만, 각자 갖고 각자의 삶을 살아가기 때문에 사랑의 방식도 삶의 재미도 다 다르다. 물론 다를 수밖에 없고 다른 것까지는 좋은데 기왕이면 행복을 느끼고 사는 게 불행하다고 생각하며 사는 것보다는 좋지 않을까. 그래서 생각 바꾸기, 수양과 수행이 필요한 것이다. 내 육신을 지탱하기 위해서 생기고 필요한 열두 개의 문(안, 이, 비, 설, 신, 의, 색, 성, 향, 미, 촉, 법)을 잘 여닫아서 이 육신도 행복함을 느끼고 이 마음도 행복함을 느끼도록 해야 한다. 비유하자면 봉지에 쌀을 담고 개울을 건너다가 봉지가 터지면 배를 곯게 될 것이고 집에 잘 가져가면 맛있는 밥을 지어 먹을 수 있는 것과 같다.

생각을 어떻게 바꿀 것인가. 올림픽 선수 중에 할 수 있다고 자기 암시를 해서 금메달을 목에 건 선수의 이야기가 세상을 뜨겁게 달구었다. 참으로 칠년대한(七年大旱) 가뭄 날에 빗발처럼 반가운 일이다. 헬조선, 흙수저 타령만 하는 사람들에게 신선한 충격을 준 선수다. 한없이 장하고 자랑스러운 청년이다. 한 생각만 바꿔도 이렇게 좋은 일이 생길 수 있다. 절망이 드는 순간 얼른 희망과 용기와 자신감으로 바꾸는 것이다. 이것은 시키면 타율이 되고, 타율이 되면 괜히 반감이 생기는 게 인간 심리다. 스스로 멍석을 펴고 재주를 피워야 한다. 옛말에 "하던 지랄도 멍석 펴 주면 안 한다."라고 했다. 한 가지 짚고 넘어갈 단어가 있어 부언하고자 한다. 지랄한다고 하면 욕으로 생각하고 지금은 그런 뜻으로 쓰이지만, 원래는 용이 승천할 때 땅이 갈라지고 흔들리는 것을 의미한다. 그래서 본래 사자성어로는 지랄용천이라고 했다. 지랄발광이라고도 하고. 어쨌든 그러므로 제일 중요한 것은 자율적, 자발적으로 해야 한다는 것이다. 요새는 그래서 자기주도 학습이라는 용어가 뜨고 부모들도 아이를 그렇게 교육하려고 한다. 그런 면에서 고쳐야 할 말도 생기는 것 같다. '하면 된다.'는 '할 수 있다.'라고 바꾸고, '티끌 모아 태산'은 '티끌 모여 태산'으로 바꿔야 할 것 같다. '하면 된다.'와 '티끌 모아 태산'은 타율적, 강압적, 경험적 말이다. 그래서 반감이 생기는 것이다. '할 수 있다.'와 '티끌 모여 태산'은 자율적, 자발적, 자기주도적, 사고적 말이다. 요새 젊은이들이 싫어하는 말 중의 하나가 티끌 모아 태산이라고 한다. 티끌 모아 언제 태산 되나. 너나 모으라는 식이다. 필자가 생각해도 티끌로 태산을 만들려면 아득해서 엄두도 안 나고 포기부터 먼저 생각난다. 이와 비슷한 말이 '우공이산(愚公移山)'이다. 목적달성의 집념은 훌륭하지만 한 사람의 인생을 생각하면 너무 허망한 것 같다. 더구나 내가 못하면 자손 대대로 짐을 지우겠다는 발상은 너무하지 않은가. 자신만을 위해서 사는 삶도 나쁘지만, 미래의 국가, 미래의 자손만을 위해서 자신을 희생만 하는 것도 너무 좌절감에 빠지게 하는 것이 아닌가 싶다.

자신의 행복과 자손의 행복을 동시에 추구할 수 있는 최대공약수를 찾는 게 참다운 삶이라고 생각한다. 티끌 모아 태산은 까마득해 보이지만 티끌 모여 태산은 사실적 설명이기 때문에 태산은 티끌이 쌓여서 된다는 사실을 인지하면 태산을 내 힘에 맞게 만들려면 티끌 한 개씩이라도 꾸준히 모을 수밖에 없다. 그리고 이런 생각이 들면 스스로 노력하게 될 것이다. 과거의 속담은 대개 경험자(어른)가 미경험자(아이)에게 지식적, 교훈적으로 전달했기 때문에 어른은 강요하는 것처럼 되고 아이는 듣기 거북하고 아득하게 느껴지고 반감이 생기는 것이다. 하려면 너무 멀어 보이기 때문이다. 예를 하나 더 들어 보자. "천 리 길도 한 걸음부터"라는 속담도 "한 걸음씩 가면 천 리, 만 리도 갈 수 있다."라고 바꿔야 한다. 좀 더 자신감이 생기는 속담이 될 수 있지 않겠는가. 교육은 끝없이 발전해 왔고 논쟁해 왔다. 지금은 자기주도 학습이 중요하다고 목소리를 많이 내지만, 옛날에도 다 있었던 이야기다. 자식 교육은 아무래도 많이 습득시켜야 하므로 강압적, 주입적, 타율적일 수밖에 없고, 배우는 학생은 싫어도 억지로 많이 받아들여야 한다. 지혜는 많이 알고 난 후에 생각을 깊게 하면 스스로 생겨나는 것이다. 생각을 스스로 깊게 하는 공부, 이것의 다른 표현이 자기주도식 학습이라는 말일 뿐이다.

알파고가 아니라도 지식의 저장 측면에서는 지금의 컴퓨터도 사람을 능가하고 있다. 그러나 컴퓨터는 생각을 하지 못한다. 반면 알파고는 생각을 한다고 큰 걱정을 하는 사람들이 있다. 그들은 알파고가 방대한 자료의 입력과 프로그램에 의해서 자기학습과 진화를 계속해서 인간의 지능을 넘어설 거라고 하는데, 물론 어느 특정 부분이 그럴 수 있겠지만, 인간처럼 생각하는 것은 안 될 것이다. 왜냐하면, 알파고는 2진법으로 생각하고, 사람은 4진법으로 생각하기 때문이다.

어떻게 살아가야 할 것인가 II

인간이 이 지구상에 태어나서부터 지금까지, 또 미래까지 해 왔고, 할 수 있고, 해야 할 일과 능력은 그 어떤 동물보다 월등하다. 생물학적·물리학적인 비교만으로는 자세히 설명할 수 없다. 이해할 수 없는 그 어떤 것은 연유야 알 수 없지만, 데카르트의 말처럼 "나는 생각한다. 고로 존재한다."는 개념에서 보아야 할 것이다. 내가 존재한다고 느끼는 것도 생각할 수 있기 때문이다. 생각이 떠난 개체는 본능으로 살아갈 수는 있지만, 그 개체로 끝난다. 존재하는 모든 것들은 다 생각이 있기 때문에 적응해서 살아가고 자손을 퍼뜨리고 대를 이어간다. 그중에서도 특히 생각 깊은 동물이 인간인 것이다. 그리하여 인간은 지금의 문명을 이루고 문화를 만들어 살아가고 있다. 앞으로도 계속 그러할 것이다. 인공지능이 생겼다고 두려워 말라. 그것도 사람이 만든 것이다. 사람만이 할 수 있는 능력이 많이 있지만, 그중에서도 인류의 문명과 문화를 발전시켜 온 것이 두 가지가 있다. Design과 Recreation이다. 이것을 우리 말로 번역하면 그 의미가 너무 단조롭다. Design은 '새로운 것을 고안하는 것'이고 Recreation은 '휴양' '기분전환' '여가선용' 정도로 알고 있다. 영어도 파자하면 원 의미를 파악하는 데 도움이 된다. De는 '빼내는 것' '덜어내는 것' '파괴한다'는 뜻이고 sign은 '부호표시' '형태'다. sign은 원래 있던 것, 자연 상태에 존재하는 모든 것들의 형태를 말한다고 할 수 있다. 그러니까 Design은 기존의 형상을 파괴하고 새로운 형상을 만든다는 뜻이다. 그래서 인간은 옛날부터 지금까지 또 미래까지 끊임없이 새로운 것을 추구해 왔고 추구해 갈 것이다. 누구나 할 수 있는 것이 Design이다. 그러므로 사람의 할 일은 끝이 없을 것이다. 호작(好作)질이라는 말이 있다. 그냥 재미있어서 하는 게 호작질이다. 재미있게 뭔가 하면 그게 바로 Design이다.

Recreation은 또 어떤가.

Re는 '다시 뭔가 한다'는 뜻이고 creation은 누군가(신이든 사람이었든) 만들어 놓았던 '기성품'이다. 그러므로 Recreation은 새로운 발상으로 뭔가 만들어 내는 걸 말한다고 할 수 있다. 남이 생각 못한 걸 만든다거나 내 나름대로 생각나는 걸 만들어 본다는 것, 즉 이것 또한 호작질인 것이다. 즐겁게 새로운 무언가를 시도할 때 우리의 몸과 마음은 에너지로 충만해진다. 그러므로 휴가, 기분전환, 여가선용이 아주 틀린 말이 아니되 그 깊은 뜻을 알면 재충전이 금방 됨을 알게 될 것이다. 인생을 보다 능동적으로 의미 있게 살려면 항상 Design하고 늘 Recreation 하라.

Design과 Recreation의 원천은 무엇인가. 그것은 sign과 creation을 바라보는 눈, 즉 생각의 다름, 변화에서 온다. 여기에서 중요한 것은 다르게 보는 것, 다르게 생각하는 것과 삐딱하게 보는 것, 삐딱하게 생각하는 것은 다르다는 것을 알아야 한다. 다르게 보고 생각하는 것은 상대편을 긍정하고 옳다고 인정하는 것에서부터 출발하고 삐딱하게 보고 생각하는 것은 상대편을 부정하고 틀렸다고 인정하는 것에서부터 출발한다. 다르게 보면 좋은 Design과 Recreation이 나오게 되겠지만, 삐딱하게 보면 얻는 게 없을 것이다. 왜냐 否正(부정)은 不定(부정), 不正(부정)이 되니까.

흔적
– 알 수 있는 흔적, 알 수 없는 흔적

어느 날 부처님이 제자들과 길을 가다가 길가에 있는 해골을 발견하고는 그걸 받들어 경배했다. 제자들이 "왜 그러시냐?"고 물었더니 부처님이 "이 사람은 우리의 조상이었다. 그래서 경배했다."고 대답했다. "우리의 조상인지 어떻게 아십니까?"하고 제자들이 물으니 부처님께서 그 사람의 전생을 본 듯이 얘기하고 전 전생, 그 이전 생까지 상세히 얘기해 주셨다. 제자들은 믿기지 않는 표정을 지었다. 부처님은 혜안을 가지셨고 제자들은 그렇지 않기 때문에 알 수 없을 뿐이다.

오늘날의 나는 영화 필름을 영사기에서 돌리면 영화 화면이 나오는 걸 안다. 영화 필름에서 비디오 필름으로, 또다시 디스크, 플로피디스크를 거쳐 CD, DVD를 지나 요새는 USB에 파일을 담아서 영상을 즐긴다. 담는 그릇에 따라 돌리는 그릇도 다 다르다. 누가 칩에 중요한 정보를 담아 가다가 분실했다고 치자. 칩을 돌리는 그릇이 없는 곳이나 그것이 뭔지도 모르는 사람들만 있는 곳이라면 걱정할 것이 없다. 과학과 기술은 이러하고 부처님의 혜안은 온갖 흔적을 그냥 다 볼 수 있다. 흔적을 읽어내는 방법의 차이 때문이다.

명경대

　얼마 전 염라대왕이 삼성 연구소에 몰래 가서 홍채 인식 기술을 살펴보고 LG 연구소를 가서 얼굴인식 기술과 비교해 보고 어느 기술을 명경대(明鏡臺)에 적용할지 고심 중이라고 저승 발 뉴스가 전했다. 어릴 적에는 명경대 이야기를 듣고는 호기심과 재미와 두려움이 있었지만, 좀 커서는 과학을 배웠답시고 뻥 같은 소리, 말도 안 되는 소리라고 비웃어 넘겼다. 도대체 명경대가 얼마나 크길래 모든 사람의 일생을 다 비추어 볼 수 있느냐고 떠들었다. 불과 몇 년 전까지만 해도 그랬다. 그런데 지금은 어떤가. 다 담을 수 있는 세상 아닌가. 더구나 곧 나올 양자 칩은 지금 칩의 몇십 배는 담을 수 있을 것이란다. 바코드, QR코드만으로도 누군지 다 알 수 있는데, 홍채인식, 얼굴인식으로도 누군지 척 알 수 있다니 사람의 기술도 과연 염라대왕이 탐할 정도가 되었다. 염라대왕의 명경대는 어떤 인식 기술을 가지고 있을까. 죽어서 화장하거나 매장하면 홍채도, 얼굴도 다 없어지므로 누군지 알 수 없다.

그러나 죽어서도 없어지지 않는 코드가 있으니, 그것이 바로 업식이라고 불교는 이야기한다. 제각각 살면서 지은 업식 코드를 가지고 명경대에 서면 명경대 화면에 일생이 좍 펼쳐지며 미리 입력된 업보조항에 따라 자동 분류되어 지옥이나 극락 등 육도 중 하나로 가야 하는데 적용이 애매한 경우에는 염라대왕이 더 세밀히 살펴보고 판결한다고 한다. 내 말이 거짓말인지 아닌지는 죽어봐야 알겠지만, 색계, 즉 화엄세계에 전전하는 한 지은 업, 받은 업은 없어지지 않는다. 그것은 힘이기 때문이다.

이는 브라운 운동, 틴달효과에서 이미 언급했으니까 다시 한번 살펴보시기를 바란다.

어떻게 살아가야 할 것인가 Ⅲ

　현재의 나, 바로 지금 이 순간의 나는 이전에 지은 업에 의한 인과응보로 여기까지 왔다. 지어온 업보에 의해서 지금의 내가 있다. 전생의 업에 따라 흙수저를 물고 태어나기도 하고 금수저를 물고 태어나기도 한다. 현생에 태어날 때 무엇을 물고 태어났든지 간에 지금까지 살아오면서 많은 업을 지었고 그 인과응보로 오늘의 내가 있는 것이다. 가난한 집에서 태어나서 부자가 되든, 부잣집에서 태어나서 가난뱅이가 되든 그건 다 지난 세월 내가 저지른 업(노력)에 따라 오늘날 그 인과응보로 현 상태의 내가 존재한다. 업에는 개개인이 짓는 개인의 업도 있지만, 여러 사람이 같이 사는 사회이기 때문에 공업도 있다. 나는 개인인 동시에 사회의 일원이기 때문에 사회의 업, 즉 공업에 휘둘릴 수밖에 없다. 태풍 속의 물 한 입자를 사회 속의 나와 비교하면 비슷하다고 할 수 있겠다. 나는 내가 할 수 있는 능력과 공간 속에서 나의 업을 지어가고 있지만, 내가 속한 거대한 주위 환경의 영향을 받을 수밖에 없다. 나는 다수와 공존하기 때문이다. 평화로운 시대는 평화롭게 살고 -그렇다고 다 평화로운 건 아니다. 개개인의 업은 다 다르기 때문에- 전쟁이 발발하면 폭탄에 맞아 죽을 수도 있다. 그렇다고 전쟁이 발발했다고 해서 다 죽는 건 아니다. 이 역시 개개인의 업이 있기 때문이다. 공업은 내가 노력한다고 해서 어찌 되는 것도 아니기 때문에 내가 맞추어 살 수밖에 없다. 나에 대한 업은 내가 쌓아가므로 어떤 사회가 되었든 잘 적응해서 살아가는 게 현명하다.

어떻게 사는 게 현명한 삶일까. 산다는 건 인연을 짓는 일이다. 내가 인이 되기도 하고 연이 되기도 하며 나의 대상도 나의 연이 되고 인이 되기도 한다. 인연이 만나서 다시 인도 되고 연도 되는 끝없는 화엄세계가 이루어져 간다. 나는 어디에서 왔으며 왜 열심히 살려고 하는가부터 생각해 보자. 나는 공에서 왔다. 공은 본래부터 있었고 그 속에 내가 있어 왔다(〈법성게〉 편을 한 번 더 살펴보시기를 바란다). 공에서 화엄세계로 태어난 순간부터 나는 행위, 즉 움직이기 시작하고 그래서 인연을 짓고 만들어 가기 시작한다. 행위란 자기현현의 에너지 표출이요, 방출이다. 이 힘은 공에서 왔기 때문에 매우 강력할 뿐만 아니라 내가 소멸하는 그 순간까지 끝없이 발휘된다. 그 에너지는 나와 함께 생성하고 소멸하는 것이다. 내 존재의 근본이기 때문이다. 존재를 영속·유지 발전하고자 하는 힘, 즉 욕구와 욕망이 된다. 이 힘은 내 존재의 근원적인 힘이므로 성취와 파멸이라는 양날의 칼이 되기도 한다. 그러므로 화엄세계에서 내가 잘 존재하기 위해서는 이 힘을 잘 조절해야 한다. 마치 원자력을 잘 조절하면 발전기를 돌려 유익한 전기를 생산할 수 있지만, 나쁘게 쓰면 폭탄이 되어 파멸의 길로 가는 것과 같다. 힘을 잘 조절하는 것은 다른 말로 하면 절제하라는 것이다. 인간사에서도 내 개인이 잘사는 것은 내 욕망을 절제할 때만 이루어질 수 있다. 욕망의 절제만큼 어려운 것이 없다. 대개의 경우, 평소에는 그런대로 잘 조절해 나가지만, 조금 더, 조금 더 하면서 욕망을 확대해 가다가는 한계점을 넘는 순간 일순간에 파멸의 구렁텅이로 빠져버리고 만다. 이렇게 십 년 공부가 나무아미타불 되는 경우는 비일비재해서 매일 신문에 게재된다. 그러나 이걸 보면서도 나는 예외라고 생각하면서 꿀단지에 하루살이 빠져 죽듯이 죽어가는 인생이 많다. 그래서 예수도, 부처도, 다른 모든 성인도 계율을 만들어 금하고 있다. 계율이란 절제하기 힘든 것을 골라 아예 하지 않는 게 좋으니 하지 말라는 것들이다. 예를 들면, 술 한 잔은 약이라고 한다. 매일 딱 한 잔은 그만큼 좋은 약이 없다고 의사들은 증언한다. 그렇지만 딱 한 잔만 보약처럼 마실 사람은 아예 이 지구상에 아무도 없을 것이다. 왜냐하면, 술은 술을 부르기 때문이다. 그래서 아예 처음부터 입에 대지 말라고 계율에 포함시킨 것이다. 계율에 있는 나머지 것들도 사람으로서 절제하기 힘들기 때문에 계율로서 금한 것이다. 계율 외에 설한 것들의 대부분도 잘 살아 갈 수 있도록 절제하는 방법을 일러 주신 것이다. 개인이 사회의 구성원으로서 살아가기 위해서는 그 사회의 법을 지켜야 한다. 법이란 바로 규제를 말한다. 전체를 유지하기 위해서 만든 것이 법이다. 어기면 당장 제재를 받게 된다. 법 조항에 저촉되지 않아도 도덕과 규범에 어긋나면 지탄받게 된다. 사회의 일원으로서 나 개인의 행복한 삶을 위해서 나 안의 원초적 에너지, 즉 욕망을 절제해야 한다. 절제를 잘해야 참다운 삶을 살 수 있다!

관세음보살과 인공지능

필자의 할머니는 힘들거나 심심하실 때는 으레 "관세음보살. 나무아미타불."이라고 하셨다. 1400여 년 전 원효대사가 설해 준 가르침이 오랜 세월 동안 인연 따라 할머니한테까지 이어져 온 거다. 어떻게 이런 일이 가능할까. 명호만 불러도 소원을 다 이루어준다는 개개인의 믿음 때문이다. 어릴 때 왜 그러는지 이유를 물었을 때 할머니께서 해준 대답이다. 어린 생각으로도 턱없이 틀렸다. 온갖 사람들이 다 부르면 어떻게 다 알아듣고 각자의 소원을 다 들어줄 수 있을까. 커 갈수록 엉터리라는 믿음은 더 강해졌고 이는 과학을 배울수록 더 굳어져 갔다. 그런데 지금은 어떤가. 몇 년 전 구글(Google)에서 검색하는데 같은 단어를 몇 번 치니까 화면에 '선생님은 ○○○을 좋아하시는군요.'라는 문구가 떠서 기겁을 하고 기분이 나빠 다음(Daum)이나 네이버(Naver)로 옮겨버린 적이 있었다. 이때부터 벌써 빅데이터(Big Data)를 만들고 있었던 것이다. 요새는 페이스북(Facebook)에 계정을 등록해 놓고 자주 쓰지를 않으니, 어쩌다 한번 페이스북을 열기만 하면 '업데이트를 하십시오.' '새로운 사진을 올리십시오.' 등의 문구가 계속 뜨고, 사진을 찍기만 하면 페이스북이 마음대로 열거해 놓고 선택해서 올리라는 메시지도 뜬다. 참 끔찍한 세상이 되어 간다. 조지 오웰의 대형이 감시하는 세상이 점점 가까워져 온다. 또한, 지금도 일부에서 시도하고 있는데, 앞으로는 사람의 마음(뇌파)을 읽어 사람의 생각대로 움직이는 기계를 만든다고 한다. 타심통 기계를 만들면 기계가 사람을 조종하는 세상이 될 거다. 기계에 내 마음을 들키지 않고 조종당하지 않으려면 뇌파 차단용 헬멧이라도 쓰고 살아야 할 날이 올 거다. 그러므로 앞으로 이 사업이 뜰 것이다. 이처럼 사람이 만든 기계도 지구상 모든 인류 개개인의 마음을 다 읽는 세상이 되어가는데, 하물며 관세음보살이 온 사람의 소리(마음)를 다 못 들을 리(못 볼 리) 없지 않은가.

차이가 있다면 관세음보살은 내 마음을 듣고 소원을 이루어주는 것이고 타심통 기계는 내 마음을 읽고 이를 조종자의 빅데이터에 저장해서 그들 마음대로 이용한다는 점이다. 내가 그 기계를 쓰는 한, 안 쓸 수도 없는 세상에 사는 한 나는 기계, 아니 조종자의 노예가 될 것 같다.

똥 빨아 무라

옛 어른들은 지혜로운 말씀을 참 우악스럽게 표현하시곤 했다. 나중에 곰곰이 생각해 보니 이렇게 한 것은 듣는 사람의 분발심을 자극해서 실행력을 높이기 위한 수단으로 사용하신 것 같다. 딴 동네는 모르겠고, 우리 동네 어른들은 곧잘 "너는 누구누구 똥 빨아 묵어라."라고 말씀하시곤 했다. 즉, 공부 잘하고 똑똑한 엄친아가 누구누구이고, 너는 공부 못하고 칠칠치 못한 보통의 아이라는 이야기였다. 어릴 때는 그 말을 들을 때면 모멸감과 수치심 때문에 분발심이 나기는커녕 청개구리 마음만 일어나 더 말을 안 듣고 어긋난 행동만 했었다. 잔소리꾼 어른들은 다 똑같은데 애들은 다 다르다는 것을 어른들만 모른다. 훈계, 설교, 지도는 개개인의 성품과 능력에 따라 달리해야 한다는 사실을 어른들은 간과한다. 부처님의 설법이 8만 4천 가지나 되는 것도 대기설법이라고 묻는 사람의 근기, 능력에 따라 대답해줬기 때문이라고 한다. 분발심을 잘 일으키는 성깔 있는 아이는 자극을 강하게 주는 게 효과가 있고 심약한 아이는 칭찬을 해 주는 게 효과가 있다. 내버려 두어도 혼자서 잘하는 루소나 뉴턴 같은 아이는 잔소리가 독이 될 수도 있다. 그런데도 일괄적으로 누구 똥이나 먹으라고 표현한 어른들의 지혜가 요새 주목을 받기 시작하는 것 같다. 얼마 전 신문에 마른 사람의 대장에 사는 세균을 분리해 내어 뚱뚱한 사람의 대장에 옮겼더니 살이 빠지더라는 것이다. 장에 서식하는 세균의 종류에 따라 영양 분해 능력이 다르다고 한다. '이 몸은 거룩해 보여도 세균과 더불어 존재하고 세균의 영향을 받는다니 함께 거룩할 수밖에 없구나.'라는 생각이 들었다. 대장의 세균 덩어리가 똥이니 똥을 먹으면 날씬해질 뿐만 아니라 혹여 머리도 좋아지지 않을까. 더 연구하는 사람이 있기를 바라본다. 하여간 옛 어른들 말씀이 틀린 게 없다 싶다.

차별 없는 세상, 평등한 세상

언뜻 듣거나 보기에도 근사한 캐치프레이즈다. 지금 내걸고 있는 이 운동은 분명 인간사에 대한 것이다. 눈에 보이는 이 모든 인간사는 오온(五蘊)의 세계다. 오온의 세계는 화엄세계 다. 화엄세계는 끝없는 인연의 세계. 즉, 다양성의 세계다. 어찌 차별 없고 평등한 세상이 된단 말인가. 모든 사람은 법 앞에 평등하다는 세속법처럼, 불법 앞에서는 인간으로서 차 별 없고, 차별 않고, 평등하다는 뜻이지 다 똑같다는 뜻은 절 대 아니다. 권리는 평등해도 능력은 다 다르다. 다 다른 능력 을 갖췄기에 다르게 펼쳐지고 다르게 살아가는 것이다. 그러 므로 화엄세계는 영원히 변화무쌍하게 전개되어 갈 수 있는 것이다. 정말 차별 없고 평등한 세계는 공의 세계다. 공과 오 온이 다르지 않고 같다는 것이 『반야심경』이다. 같기는 하되 공의 세계는 무오온의 세계. 즉, 우리 모두가 공의 세계에 도달하면 차별 없고 평등한 존재가 되는 것이다. 그런데 지금 불교계에서 내건 캐치프레이즈는 오온의 세계, 즉 화엄세계에 살면서 다 같이 차별 없고 평등한 사회를 이룰 수 있을 것처럼 착각하게 하는 것처럼 보인다. 천상천하 유아독존의 참뜻을 가르치는 게 더 맞는 게 아닌지!

종교의 현실참여

　무슨 종교이든 교주가 진리를 깨치고 전법을 하다 보면 귀의하는 사람이 늘어난다. 그러다 무리를 이루고 세력화가 이루어지면서 차츰 무리한 현실 참여를 하게 된다. 성 소수자의 축제와 권익 보호는 국가마다, 정당마다, 사회마다 다 다르게 대처해서 근래에 들어 시끌벅적한 인간 세상의 쟁점이 되었다. 기독교는 반대하고 불교는 옹호하고 나선다. 반대도 일리가 있고 찬성이나 옹호도 일리가 있다. 불교계가 나서고 있지만 모든 불자가 다 찬성한다고 생각하면 큰 오산이다. 다양성을 인정하고 소수자를 옹호해주는 아량은 당연지사이지만, 소수를 정당화해주면서 다수를 어리둥절하게 하는 것은 인간 사회의 물길을 이상하게 하는 것이다. 사람 말고는 어떤 동·식물도 동성 간에 짝짓기는 없다. 세균처럼 무성생식 하는 것은 성이 없는 것이다. 양성이 있는 것들은 반드시 이성끼리만 짝을 짓는 게 자연의 섭리고 번식의 필수다. 사람만이 동성 간 사랑을 한다. 과연 만물의 영장이라서 그런가. 이전에는 은밀하게만 교류하며 부끄러워하던 일이 요새는 온 세상에 공표하고 권리(?) 주장을 하는 떳떳한(?) 일이 되고 있다. 정신적이든 육체적이든 바름이 아니면 교화하든가 고쳐주는 게 불교가 해야 할 일이 아닌가? 종단사무실에 문의하니 우문인 탓인지 현답(賢答이 아니고 衒答)이 돌아왔다. 부처님 설법 8만 4천 법문 어디에도 동성애는 언급한 게 없단다. 그 당시 부처님께 아무도 그 문제는 묻지 않았다는 게 희유한 일이란 걸 증명하는 게 아닐는지? 만약 그 누가 부처님께 물었다면 과연 부처님은 뭐라고 답하셨을까. 문득 궁금해졌다. 중생제도의 참뜻이 무엇인지 나도 부처님께 여쭤보고 싶다.

칠보가 깔린 극락세계

　물리적인 극락세계는 서방으로 십만 억 국토를 지나서 나오
는 아미타 부처님이 관장하는 세계라 한다. 그곳은 금, 은, 유
리로 된 바닥에 칠보로 온갖 것을 장식하고 새들이 음악을
들려주는, 기쁨으로 가득 찬 정토라고 한다. 그런 곳이 과연
있기나 할까? 몇 년 전 천문학자들이 우주를 관측하다 지구
에서 6.4광년 떨어진 어떤 별이 전부 다이아몬드로 이루어져
있는 것을 발견했다고 발표했다. 그런 곳이 실재한다면 극락
정토도 실재할 수 있겠다. 그러면 극락정토가 있다고 치자.
어떻게 갈 수 있는가? 이 육신을 가지고는 가기 어려운 곳이
니 그곳에 태어난다고 했나 보다. 좋은 공덕을 많이 짓고 아
미타불을 많이 부르면 그곳에 태어날 수 있다고 한다. 보고,
듣고, 기쁨을 아니까 지금의 육신과 비슷하겠다. 기독교의 천
당도 묘사한 내용이 비슷하고 그곳에 사는 사람도 이 육신의
모습과 거의 같아 보인다. 천당과 극락이 있을 거라고 믿는
사람들의 마음은 어떠한 연유에서일까. 현실이 고단한 사람

들은 내세에서라도 행복하고 싶어서일 것이고 현실에서 잘사는 사람들은 내세에서는 더 행복하게 살고 싶은 열망 때문일 것이다.

행복이란 무엇인가. 우리의 마음이 만들어 낸 바람이고 그것은 또한 우리의 육신을 통해서 알게 되는 호, 불호, 쾌감과 불쾌감 때문에 생기는 식의 그림자일 뿐이다. 참다운 행복, 지극한 열락은 역설적이게도 나를 잊는 순간, 내가 사라지는 순간에 느끼게 된다. 그 순간이 삼매의 순간이다. 사람들은 그 짧은 순간을 위해 몰입에 빠지려고 애쓴다. 섹스, 도박, 만취, 마약, 폭력, 오락 등 이런 것에 깊이 빠지는 그 순간은 열락인 동시에 몰아의 경지다. 그러나 그 순간은 너무나 짧아 자꾸만 추구하다 보면 심신을 망쳐서 결국엔 지옥 생활을 하다가 죽게 된다. 서방정토 극락세계에 가봐야 우리가 그리는 쾌락의 세계는 결국 육신과 식의 세계에 지나지 않는다. 또한, 육신과 식이 있는 한 권태도 생긴다. 진정한 열락의 세계를 오래 누리려면 지금 이 자리에서 삼매경으로 바로 들어가면 된다. 『반야심경』에서 모든 것을 -대상, 느낌, 識(식)- 다 털어버리고 고요 그 자체가 되면 바로 극락이라고 했다. 고요 그 자체가 되는 길을 가기 위해 선지자들은 많은 방법을 제시한다. 기도, 염불, 참선, 요가 등. 하나를 택해서 몰아에 들어간 그곳이 극락세계다.

時時刻刻(시시각각)

時時刻刻 時是刻覺(시시각각 시시각각) 하면

是時覺刻 是是覺覺(시시각각 시시각각) 하리라

人間到處 有幸福(인간도처 유행복)

行人更在 幸福外(행인갱재 행복외)

 사람 있는 곳 행복이 널려 있건만 그 속에 들어가지 않고
겉돌기만 하네

 똥 친 막대기 하나 추가한다고 생각하며 읊어본다.

시간이란 무엇인가

사람의 심장은 일평생 대략 50억 번쯤 뛴다고 한다. 요즘은 100세 시대라고 하니 100년을 초로 계산하면 31억 5,360만 초이다. 초당 1.6번쯤 뛰는 셈이다.

현재의 시간은 세슘 원자가 91억 9,263만 1,770번 뛰는 것을 1초로 잡는다.

앞으로는 더 정밀한 시간을 위해 이터븀(Yb) 원자시계를 쓰려고 한다는데, 이 원자는 1초에 518조 번 뛴다고 한다. 대략 1초에 0.0006㎜ 거리를 518조 번 뛰는 셈이니 사람의 일평생과 비교하면 참 부지런히 움직이는 것이다.

건강한 남자는 3일간 약 3~5억 개의 정자를 만든다. 3일은 259,200초다. 초당 약 1,000~2,000개의 정자를 만들고, 개당 30억 쌍의 DNA 염기 순서를 거의 틀리지 않게 배열하는 셈이니 3~6조 개의 염기를 만들어 제자리에 붙이는 게 어떻게 가능할까?

〈법성게〉의 '번출여의 불사의'가 아니면 될 수 있겠는가. 1초의 시간은 이와 같이 크고 길다. 이렇게 짧고도 긴 시간이 지나서 일생이 된다.

한평생 살다가 죽을 때 되면서 뒤돌아보면 행복하게 살았든지 불행하게 살았든지 상관없이 모두가 어제 같던 짧은 시간이란 걸 느끼고 아쉬워하면서 좀 더 살고 싶어 한다. 한없이 있을 것 같았던 시간, 평범한 하루하루가 지겨웠을 시간들, 그 많던 시간은 다 어디 가고 얼마 남지 않은 시간에 아쉬움을 품을 것인가. 시간의 크기를 살펴보자.

불교에서는 짧은 시간을 찰나라고 하고, 아주 긴 시간을 겁이라고 하며 한없이 긴 시간을 무량겁이라고 한다. 여러 자료를 검토한 결과, 찰나는 1/75초, 겁은 43억 2천만 년이라고 한다. 좀 더 황당한 표현도 있다. 사방 15km 바위에 1000년에 한 번씩 선녀가 비단옷을 입고 그 바위에 한 번 산보하고 가는데, 그 바위가 다 닳아 없어지는 시간이라고도 한다.

현재의 물리학에서는 펨토(Femto)초까지 논한다. 1×10^{-15}초를 1펨토초라고 한다. 찰나는 0.0133초이니 1.3×10^{-2}초이므로 75분의 1초다. 펨토에 비하면 아주 긴 시간이다. 펨토초는 어떤 시간일까? 빛은 1초에 30만km를 달린다. 그러므로 10^{-15}초 동안 달리는 거리는 10^{-5}cm이다. 즉, $1,000A°$이다. 원자의 크기는 $1A°$, 즉 10^{-8}cm다. 원자 1,000개를 일렬로 세워야 되는 크기다. 그러므로 펨토초 안에서는 원자 찾기도 쉽지 않을 것이다. 그러므로 만약 우리가 10^{-18}초를 감지할 수 있다면 원자가 눈앞에 있을 것이다. 10^{-19}초가 되면 원자는 눈 밖으로 사라지고 없을 것이다. 여기서 우리는 시간의 최저를 알 수 있다. 세계가 사라지니(공간이 사라지니) 시간도 사라지는 것이다. 시간과 공간, 시간과 세계는 공존하는 것이다. 마치 절대 영도에서 부피가 0이 되는 것과 같은 것이다. 이 세계는, 이 우주는 실상인 동시에 허상이요, 허상인 동시에 실상인 것이다. 시간과 공간은 서로 인이 되고 연이 되어 공존하며, 끝없이 펼쳐지면 화엄세계요, 본래 자리로 쪼그라들면 空의 세계가 되는 것이다. 〈법성게〉의 무량원겁 즉일념이며, '일념즉시 무량겁'이 확실한 사실로 입증되는 셈이다. 결국, 시간이란 념인 것이다. 念이 무엇이냐. 지금의 마음(今+心)이다.

시간이란 기다림 속에 늦게 오고 아쉬움 속에 빨리 간다. 웃음과 행복과 기쁨 속에 빨리 가고, 슬픔과 고통과 불행 속에 더디 간다. 지난 시간은 기억 속에 쌓여가고 오는 시간은 생각 속에 존재할 뿐이며 무언가 할 수 있는 지금의 이 시간이 참 시간이다.

존재는 지금 바로 이곳에 있을 뿐이다.

Now and here.

Just right now, Just right here.

오현 선사는 삶을 하루살이에 빗대 아침에 해 뜨는 것을 보고 저녁에 해 지는 것을 봤으면 됐지 뭘 또 보려고 하면서 알 까고 죽어버리는 하루살이의 삶이나 백 년을 산다는 인생이나 뭐가 다르냐고 말하기도 했다.

산다는 것은 II

천성산 도롱뇽을 살린다고 단식한 중이 어중이였는지 떠중이였는지 모르겠지만, 다행히 굶어 죽지는 않았다. 오랫동안 단식하면 죽는 것은 정한 이치다. 정말 죽음을 각오하고 단식 투쟁을 했는지는 본인만이 알뿐이지만, 과연 그가 진정 살생에 대해 깊이 알고나 있는지 궁금하다.

부처님 말씀에 물 한 방울에 구억 마리의 충이 있다고 하셨고 이는 현재 과학계도 인정하는 사실이다. 공기에도 많은 세균이 있어 숨만 쉬면 우리 몸에 들어와서 살기도 하지만 죽는 놈이 더 많다. 음식에도 미생물이 수없이 많다. 살생을 하지 않으려면 물도 마시지 말고, 음식도 먹지 말고, 숨도 쉬지 말아야 한다. 그러면 이 한 몸 죽으면 살생을 안 해서 극락을 갈 수 있는가. 이 몸속에 있는 내 몸 세포가 대략 60~100조 개라고 하고 내 몸속에 있는 세균수도 대략 비슷하다고 한다. 내가 죽으면 이 많은 생명체가 죽게 되니 그것도 살생이다. 생명의 모순이다. 살아도 살생을 하고 죽어도 살생을 하니 업장소멸은 영원히 면치 못하는 게 생의 본질이다. 그래서 부처님은 태어나는 것 자체가 '고'라고 하셨다.

사사유관, 사사무애

최근 네이처(Nature) 지(誌)에 실린 논문 한 편이 인연의 무서움을 일깨워 주길래 이곳에 소개할까 한다.

우리나라 재미과학자 부부가 발표한 연구논문인데, 임산부의 장내에 들어온 어떤 세균 또는 바이러스는 자폐아를 낳게하는 원인이 된다고 밝힌 논문이다. 그 메커니즘이 흥미롭다. 세균을 무찌르기 위해서 우리 몸은 면역세포를 만드는데, 이때 면역세포에서 나온 물질(단백질)이 태아의 뇌세포 중 특정부분을 공격하여 자폐증을 유발하게 된다는 것이다. 인연법을 쉽게 설명하는 예가 바로 이와 같다. 이것이 있으면 저것이 있고, 저것은 또 저것이 있게 하고, 끝없이 이어지는 게 화엄의 세계다. 그러므로 인공지능 시대가 된다고 할 일이 없어질 거라 생각할 필요는 없다. 또 다른 인연이 생기게 되고 끝없이 펼쳐질 것이니까.

언젠가 본 콩트를 소개하고자 한다. 그 콩트의 작가가 어떤 스님과의 대담을 쓴 작품이었다. 재미있고 뇌리에 박혀 스토리는 기억하는데 어떤 잡지이었는지, 작가가 누군지는 잊고 말았다.

그 스님은 사사유관과 사사무애가 둘이 아님을 예로 들어 얘기했다.

따뜻한 늦은 봄날, 뒷동산의 뻐꾸기가 뻐꾹 뻐꾹 우니까 앞산 논의 논둑에서 졸던 개구리란 놈이 깜짝 놀라 물속으로 첨벙 뛰어들었다. 마침 지나가던 물뱀이 이게 웬 떡이냐 하고 개구리를 꿀꺽 삼켜버렸다. 뻐꾸기는 개구리와 뱀의 관계를 알지 못하고 계속 짝을 찾는다고 울어대고, 뱀은 유유히 지나가고, 주위는 아무 일 없었던 듯이 따뜻한 봄날이 이어지고 있었다. 작가가 스님에게 말했다.

"스님. 사사유관은 알겠는데 사사무애는 이해가 안 됩니다. 일마다 다 연관이 있는데 어찌 일마다 아무 걸림이 없다니요."

스님이 빙긋이 웃으며 대답했다.

"『반야심경』에 색즉시공 공즉시색이라고 했지요. 공이 펼쳐지면 색이 나타납니다. 즉, 공의 세계가 현현하게 되면 화엄세계가 되고, 화엄세계가 인연이 다하면 다시 공의 세계가 되지요. 둘은 달라 보이지만 같은 것이지요. 이것이 곧 법성이외다."

작가는 알 것 같기도 하면서도 이해가 안 되어 고개만 갸웃거렸다고 했다. 개구리가 분명히 뱀의 입속으로 사라졌는데

어찌 무애하다는 건지? 화엄세계에서 보면 분명히 개구리는 죽었다. 그러나 공의 세계에서 보면 그 개구리는 본래 나(ぉ) 한테 있었던 것이다. 그놈이 화엄세계에서 현현했던 것뿐이 다.

행복이란?

쓴맛의 대표는 소태다. 약으로 소태탕 한 사발을 마시고 나서 설탕을 한 숟갈 정도 퍼서 먹으면 달콤한 그 맛이 소태의 쓴맛을 금방 잊게 한다.

그러나 설탕이 달다고 계속 퍼먹으면, 나중에는 달기는커녕 고역이 된다. 설탕을 장기적으로 많이 먹으면 골이 부서지는 듯한 극심한 두통이 온다고 한다. 결국, 단맛은 쓴맛이 있기에 그 가치가 있고, 쓴맛은 단맛의 가치를 일깨워주는 상대적 관계다.

우리는 돈이 없다가 생기면 잠시 행복하고, 있다가 없어지면 불행하다고 생각한다.

지인의 지인 중에 70억 원쯤 가진 자산가가 주식 투자로 50억 원쯤 손실을 보자 상실감에 자살했다는 소식을 들었다. 아직도 20억 원쯤의 돈이 남았는데도. 서민이 로또 당첨으로 20억 원쯤 생기면 오랫동안 행복해할 돈인데. 같은 액수라도 이와 같이 다른 행동을 보면 돈으로 이루어지는 행복도 결국은 본인의 마음이요, 느낌이다.

필자도 경험이 있어 돈에 대한 느낌은 참 묘하고 더럽다. SK 하이닉스 주식을 3년 전에 38,000원에 샀는데, 그동안 꿈쩍도 하지 않던 시세가 어느 날 뛰기 시작하더니 두어 달 만에 73,000원까지 뛰었다. 이후 국내 정세 탓에 주가가 뒷걸음질 치기 시작하길래 64,000원에 팔아 버렸는데 며칠 지나니 슬슬 오르기 시작하더니 9만 원이 넘어버렸다. 다시 사려니 억울했다. 3년을 기다려 26,000원의 이득을 보았는데 내 주식을 산 사람은 3개월도 안 되어서 26,000원의 이득을 봤다는 생각이 들었다. 내가 이득을 보아서 생긴 기쁨보다 더 벌 수 있는데 팔아버린 내 경솔함에 화가 나서 계속 기분이 꿀꿀하고 찜찜했다.

사람의 기분이란 참 묘하고 욕심은 끝 간 데가 없구나. 행복은 도대체 어디 있나.

이웃집 아저씨, 이웃집 아줌마란 말이 있다. 엄친아란 말도 있다. 항상 남의 손에 쥔 떡이 커 보이는 것은 얄팍한 인지상정이란 말인가. 남이 우리를 보면 우리 역시 이웃집 아저씨도 되고, 아줌마도 되고, 아들도 되는데 왜 우리는 그것을 모르고 남의 것만 보는 것인가.

사람은 호기심인지, 탐구심인지, 욕심인지 몰라도 저 먼 우주의 어떤 별에는 누가 살고 있을까 궁금해하고 가보면 좋겠다고 생각한다. 그러나 사실 그 답은 간단하다. 그 먼 우주의 누가 우리랑 똑같은 생각을 하면 그건 바로 우리가 그들이고 그들이 우리인 것이다.

톨스토이는 "나는 명성도 얻고, 부도 있고, 사랑하는 가족도 있다. 나는 행복하다."고 항상 얘기했다고 한다. 그런데도 뭔가를 더 찾고 더 채우려고 정처 없이 여행하다가 결국 낯선 어느 언덕 아래서 추운 몸을 녹이기 위해 햇볕을 쬐다가 얼어 죽었다고 한다.

헤밍웨이도 뭐가 부족했던지, 아니면 다 가져봐서 더 가질 게 없어서인지, 그도 아니면 더 쓸 이야기가 없어서인지, 그것도 아니라면 오현 스님의 하루살이 곤충처럼 더 볼 것, 누릴 것도 더 없어서인지는 알 수 없지만, 장총으로 자살하고 말았다. 욕심, 비교 때문에 불행해진다고들 한다. 욕심은 삶의 에너지이기 때문에 없어지면 죽는 것이다. 욕심을 내서 열심히 노력해야 한다. 그러나 욕심에 매달리고 끌려다니며 살면 황폐한 삶을 살게 된다. 비교도 해야 자기 내부의 분발심을 끌어내서 삶의 원동력으로 삼을 수 있고 발전의 계기도 된다. 그러나 비교해서 열등심을 갖게 되면 이 역시 비참한 삶을 살아가게 될 것이다. 욕심과 비교를 자기 발전의 에너지로 삼되 거기에, 끌려다니지 마라.

그러려면 자기 것에 대한 고마움과 감사와 기쁨을 주문처럼 외우며 살아가야 한다. 그게 바로 행복하게 살아가는 비법이다.

인연

　고타마 싯다르타가 오랜 수행 끝에 부처가 되고 난 후 처음 설한 것이 인연법이다. 저것이 있으므로 이것이 있고 저것이 없어지면 이것도 없어진다. 즉, 상호의존이요, 상호보완이다. 상호의 관계다. 상보의 원리다. 우리는 별생각 없이 나날이 해야 할 일을 해야만 하는 의무와 부담으로 맞고 부딪힌다. 만나야 할 사람도 필요에 의해서 만난다. 이 중에는 기쁜 만남도 있겠지만, 싫은 만남도 있다. 그러다 어느 날 인연의 소중함을 알게 될 때 우리는 철들기 시작한다. 인연이란 고맙기도 하고 때론 무섭게 다가오기도 한다. 남이 나의 인연이 되기도 하고 내가 남의 인연이 되기도 한다. 인연이 맺어지는 최소의 단위는 공에서 처음 생겨난 최초, 최소의 미립자일 것이다. 그것이 암흑 물질이든 빛이든 간에 이 작은 것들이 인연으로 서로 만나서 이합집산이 시작되면서 우주가 만들어지며 그 속에서 생명도 탄생하고 그 생명들도 인연에 따라 이합집산하면서 생성과 소멸을 끝없이 반복한다. 현대의 천체물리학에서 관찰한 바에 의하면, 은하에 대은하가 충돌하기도 하고 사라져서 블랙홀이 되고 블랙홀끼리 충돌해서 새 은하가 생기면서 나오는 게 중력파라고 한다. 지금 그 중력파를 검출하려고 각 나라에서 경쟁하고 있다. 검출해서 어디에 쓰려는 건지는 잘 모르겠다. 아는 사람도 없다. 그저 궁금하니까 해 보는 거다. 그게 과학의 일부분이다. 미국의 천재 물리학자 파인만은 "상대성 원리를 이해하는 사람은 20여 명 정도 되지만 양자역학을 제대로 아는 사람은 아무도 없다."고 했다. 파인만 자신도 양자역학의 대가이지만 소립자는 알아갈수록 뭐가 뭔지 모르겠다는 뜻이다. 입자는 가만 있는 것이 아니라 생겼다가 없어졌다가 다시 생겨나기를 반복하는데, 지금 보는 이놈이 좀 전에 사라졌던 그놈인지 아닌지 알 방법이 없다. 소립자도 에너지의 한 형태이므로 다른 에너지의 영향을 당연히 받는다. 사람이 생각하면 뇌파가 나온다고 한다. 뇌파도 파장이니 당연히 에너지다. 그러므로 생각도 에너지의 한 형태다. 소립자는 생각의 영향을 받게 된다. 그래서 소립자는 연구하는 사람에 따라 달리 움직인다. 사람마다 생각이 다르니 연구 결과도 다 다르다. 그러다 보니 양자역학은 정답이 없고, 알아 갈수록 더 모르겠다고 하는 야릇한 정답을 내놓은 사람이 아이러니하게도 자타공인 양자역학의 거두라고 하는 1979년 노벨 물리학상 수상자인 와인버그 텍사스대학교 교수다.

그는 지난 2017년 봄 미국 샌 안토니오에서 열린 과학저술 평의회에서 "나는 이제 양자역학을 확신할 수 없다."고 폭탄적인 고백을 했다. 모두 아연실색했겠지만, 반론을 제기하는 사람이 없다는 것은 다들 그만큼 비슷한 생각을 하고 있다는 방증이다.

움직임 없는 공에서 진성심심 극미묘해서 움직임이 시작되면 파장이 생기고 에너지가 흐른다. 이때부터 인연 따라 만나고, 만나고 또 만나서 소립자가 되고 원자, 분자로 커지면서 우주 삼라만상이 전개되는 장엄한 화엄의 세계가 되어가는 것이다. 빅뱅 이후 지금까지 전개되어 왔고 또 얼마나 긴 시간 전개될지 알 수 없지만, 어느 것 하나 인연 아닌 게 없다. 그러므로 우리는 매 순간 끝없이 지어가는 인연의 굴레 속에서 인연을 굴리며 살아가는 존재임을 명심하면 그 중요성을 확연히 알게 될 것이다. 그리하면 매 순간 매사를 소중하게 여기는 경건함 속에 살아가게 될 것이며 그것이 결국은 미래의 자신임을 알게 될 것이다.

가정법 과거는 '만약 내가 그때 그것을 하지 않았다면, 지금 이렇게 되지는 않았을 텐데.'라는 것이다. 그 인연을 짓지 않았으면, 그 선택을 하지 않았으면 당연히 결과는 달라지는 것이다. 그러므로 항상 좋은 인연을 짓도록 해야 한다. 지금 바로 이 순간 내가 짓는 이 행위가 나중에 어떤 결과로든 나타난다는 것을 명심해야 한다. 나비의 날갯짓이 태풍을 일으키는 데 일조한다는 것을 명심해야 한다.

罪(죄)와 業(업)

누구나 살다 보면 죄도 짓고 업도 짓는다. 둘 다 짓는 것이지만 죄를 지었을 때 처벌 조항이 있으면 벌을 받게 되지만, 처벌 조항이 없으면 무죄 판결을 받는다. 처벌 조항이 있어도 죄를 지을 때 남이 못 보면 그만이다. 죄는 사함도 받고, 사면도 받고, 용서해 줄 수도 있다. 그러나 업은 반드시 인과응보를 받는다. 업은 행위다. 행위는 에너지이므로 나도, 남도 함께 받는다. 마치 내가 친 당구 알이 남의 당구 알을 밀어내고 내 당구 알도 힘을 받아 다른 쪽으로 굴러가는 것과 같다. 그러므로 업은 인연의 또 다른 표현이다. 나비의 날갯짓이 태풍에 일조하는 것이 인연 지어진 것에 대한 업의 발로인 것이다. 인생사 새옹지마도 인연과 업의 사례를 나타내는 대표적인 예다. 짓게 되면 어떻게든 일어나는 게 업이요, 화엄세계에서 펼쳐지는 온갖 인연인 것이다.

예수께서도 마음속으로 간음하면 이미 간음한 것이라고 했다. 마음은 행위의 씨앗이므로 마음조차 먹지 말라는 것이다. 불교에서도 身(신), 口(구), 意(의)의 三業을 짓지 말라고 했다. 마음을 먹는 것 자체가 업이 된다고 했으니 같은 맥락이다.

현실이 힘들어 죄를 사해달라고 기도하고, 업장이 두터워 그렇다고 업장소멸해 달라고 기도한다. 그러나 화엄세계에 사는 한 지어온 인연과 업은 소멸하지 않는다. 그렇다고 한꺼번에 다 나타나는 것도 아니다. 그것은 내재되어 있고 또다시 다른 인연을 만났을 때 나타날 수도 있다. 마치 우리의 DNA에 30만 개의 염기서열이 있고 그곳에 있는 정보가 시간과 조건에 따라 환경에 따라 발현하는 것에 비유할 수 있다. 아기가 자라면서 이빨이 나고, 사춘기가 오면 변성도 되고 수염도 나는 것이 개인에 따라 좀 빠르기도 하고 늦기도 하듯이, 봄이 오면 씨앗이 싹이 트고 자라기 시작한다. 환경조건을 만났기 때문이다. 겨울이라도 봄처럼 온·습도를 맞춰주면 씨앗은 싹이 트고 자라고, 봄이라도 씨앗을 냉장실에 넣어두면 수백 년이 지나도 싹이 안 난다. 그러다가 다시 따뜻하게 해 주면 싹이 트고 자란다.

경남 함안에 가면 아라연이라는 꽃이 있다. 이 연자(蓮子)는 수백 년을 땅속에 파묻혀 있다가 수년 전에 발견되어 싹 틔운 것이다. 이와 같이 업의 발현은 조건과 환경, 즉 또 다른 인연을 만나면 발현될 수도 있고, 안될 수도 있는 것이다. 수억 겁을 살아온 생에서 나쁜 일만 저질렀겠는가, 아니면 좋은 일만 했겠는가. 나쁜 일도, 좋은 일도 다 저지르고 사는 것이 이 생이다. 그래서 누구나 선악을 동시에 내재하고 있다. 이 때문에 살아가면서 좋은 일도 생기고 나쁜 일도 생기는 것이다. 그것이 다 이전 업의 인과응보다. 업장은 소멸시켜 달라고 빌어봤자 소용없는 짓이다. 누가 시켜줄 수 없는 게 업이다. 현실에서 우리가 새 업을 짓기에 따라 과거의 업이 덮일 수도 있고, 가벼워질 수도 있고, 방향을 바꿀 수도 있다. 즉, 현실에서 나쁜 일을 안 하면 전생의 나쁜 업은 나타나지 않고, 착한 일을 하면 착한 업이 나타나게 되는 것이다. 그것은 너무나 간단한 자연의 섭리다. 공명현상, 같은 파장끼리 울리기 때문이다. 그러므로 업은 숙명론도 아니고 운명론도 아니다. 짓기에 따라 생기고 나타나는 현상일 뿐이다. 착한 일을 하면 전생에 지어 두었던 착한 업이 현생에서 과보로 줄줄이 현현하고, 나쁜 일을 하면 전생에 지어 두었던 악업이 현생에서 줄줄이 나타나 더 큰 악업을 또 짓고 가게 된다. 내생도 뻔하다. 전생을 알려면 현생을 보고, 내생을 알고 싶으면 현생에서 살아가는 나를 보면 된다.

　콩 심으면 콩 나고 팥 심으면 팥 난다.

죽으면 어디로 가는가

　누군가 부러울 만한 복을 누리고 사는 사람에게 하는 말 중에 "그 사람은 전생에 나라를 구했나?"라는 말이 있다. 본 적도 없고 알 수도 없지만, 전생이 있다는 걸 은연중에 인정 하는 것이다. 현생에 내가 있다는 건 전생의 나도 있었다는 거고 내생에도 나는 있을 거란 이야기다. 과학자든, 신학자든 있다는 사람과 없다는 사람은 이 전에도 있었고 앞으로도 전 생에 대한 논쟁은 끝나지 않을 것이다. 설명이나 증명을 해 보일 수 있는 게 아닌 것이 바로 나다. 파헤쳐 보면 없는 것 같고 그냥 보면 있는 것 같다. 뉴턴 역학적으로 보면 있는 것 같고 양자역학적으로 보면 없는 것 같다. 완전 무에서는 아무 것도 나오지 않지만, 안보이고 잘 모르는 공에서는 인연 따라 한없이 생긴다. 숫자에서도 0(공)은 홀로는 아무 노릇도 못 하 지만, 뭔가 앞뒤로 붙으면 무한한 숫자(무한히 큰 숫자, 무한히 작은 숫자)가 되기도 한다. 그러면 내생(來生)은 어떻게 될까.

　내 손주(손녀)는 분홍색을 유달리 좋아한다. 나중에 주위를 둘러보니 어린 여자애들은 대체로 분홍색을 좋아한다는 걸 알게 됐다. 커 갈수록 좋아하는 색깔이 바뀔 수도 있고, 사람마다 좋아하고 호감이 가는 색이 있다. 젊어서 고상한(?) 색을 좋아하다가 늙어서 밝고 야한(?) 색을 좋아하는 것으로 바뀐 사람도 있다.

중학교 때 미술 선생님이 우리를 보고 "너희들은 저 무지개 색이 몇 가지 색깔로 보이느냐?"고 물었다. 물상 시간에 배운 대로 빨, 주, 노, 초, 파, 남, 보 일곱 가지 색이라고 합창했다. 그런데 선생님이 "나는 저 무지개 색깔을 27가지 색깔로 구분할 수 있다."고 했다. 당시에 크레용은 12색이었고 수채화 물감도 검은색, 흰색을 포함해서 24색 밖에 없던 시절이라 "와! 선생님이 눈이 대단하다. 역시 미술 선생님은 우리 눈하고는 달라."라고 하면서 탄복했다.

요새는 TV 광고를 보면 몇천만 종류의 색을 구현한다고 광고한다. 컬러, 즉 색이란 무엇인가. 색은 우리가 볼 수 있는 가시광선의 파장이다. 제일 낮은 에너지의 긴 파장은 빨강으로 보이고 제일 높은 에너지의 짧은 파장은 보라색으로 보인다. 더 낮거나 더 높은 것은 볼 수 없어 적외선, 자외선이라고 부른다. 파장은 없어서 못 보는 게 아니라 우리 눈에 안 보이는 것뿐이다. 보이는 파장만 분류해도 크게는 7가지 색으로 보이고 세분하면 수천만 가지로 보인다는 말이다. 우주선, α, β, χ, 마이크로파, X-ray, 레이저, 중력파, 온갖 소리 등. 만약에 이것들도 볼 수 있는 눈이 있다면 그야말로 장관일 것이다.

죽었다(?) 살아난 사람들, 즉 사후세계를 체험한 사람의 공통적인 이야기에 따르면 사람이 죽으면 천사가 나타나서 인도한다고도 하고, 빛이 나타나서 그 빛을 따라간다고도 한다. 육신을 떠난 영혼은 -영혼이 어떤 형태인지는 아무도 모르지만- 나라는 자각은 있다고 할 수 있다. 왜냐하면, 완전 무에서는 아무것도 나타날 수 없는 것과 마찬가지로, 뭔가 있던 것에서 완전 무가 될 수는 없다. 그러므로 존재의 최소 단위는 나라는 인식이라고 할 수 있다. 내가 존재하므로 반드시 다른 것도 있어야 한다. 내가 없어지면 다른 것도 없어지므로 연기법이다. 즉, 인식이 업식인 것이다. 살면서 지어온 업들이 업식으로 나타나고, 식이므로 호불호도 알고 좋아하는 것과 가까이하고 싶은 것이다. 그래서 죽어서 업식만 남으면 자기가 좋아하는 빛(이것은 또 하나의 다른 에너지이자 파장이며 업식이다)을 따라가게 되는 것이다. 검은색을 좋아하면 -사실 검은 것은 색이라고 할 수는 있어도 빛이라 할 수는 없다- 암흑세계, 암흑물질, 블랙홀로 갈지도 모른다. 헤어나올 수 없는 세계, 꼼짝할 수 없는 세계, 무간지옥일지도 모른다. 파란색을 좋아하면 사파이어 보석으로 갈지도 모른다. 존재는 반드시 파를 가지고 있고 그 파를 내보내거나 주위에 오로라 형태로 유지한다. 마치 꽃에는 빛깔과 향기가 있고, 그 빛깔이

나 그 향기를 따라 벌들이 찾아가듯이 자기가 좋아하는 빛을 따라가다 보면 바이러스, 세균, 곰팡이, 개, 돼지, 소 등 축생의 자궁 속일 수도 있다. 온 우주 삼라만상 그 어디라도 다 제각각 파가 있으므로 자기가 좋아하는 파장에 따라 찾아가게 된다. 이것이 육도윤회다.

우리가 현재에 있는 한 과거에서 왔고 죽어서도 어디에든 자기가 좋아하는 곳으로 간다. 그 좋아하는 것은 자기 업식에 따라 그게 좋아 보이는 것이므로 따라가서 정착하다 보면 사람 자궁이면 사람으로 태어나고, 돼지 자궁이면 돼지로 태어난다. 사람이면 다 같은가. 아니다. 누구는 금수저를 물고 태어나며 누구는 흙수저를 물고 태어난다. 자기 업에 따라 그곳이 좋아 보여 찾아간 것이다. 그러므로 부모를 탓할 것이 아니라 그곳에 찾아간 자기 책임이고 자기 업인 것이다. 부모가 자식을 선택하는 게 아니고 자식이 부모를 선택하는 것이다. 또한, 서로 그렇게 만나게 되는 것이 업의 세계다. 서로 그러한 파장(업)을 가지고 있으므로 부르고 찾아간 것이다. 죽어서 내생에 콩이 되고 싶으면 콩을 심어라. 팥이 되고 싶으면 팥을 심어라.

부처의 가르침

부처란 불교에서는 깨달은 사람을 말한다. 현세에서 최초의 부처는 석가모니다. 그래서 통상 부처라면 석가모니로 알고 있다. 석가모니에서 석가는 석가족 사람이고 모니란 깨달은 사람을 지칭하는 말이다. 즉, 석가모니는 석가족의 깨달은 사람이라는 뜻이다. 본명은 고타마 싯다르타라고 하고 가비라라는 작은 왕국의 왕자로 태어났다. 29세에 출가하였으니 그때까지는 왕자로서 인생의 온갖 호사를 다 누렸을 것이고, 그러다 어느 날 문득 산다는 게 뭔가 하는 회의가 생겼을 것이다. 단것만 먹으면 나중에는 단맛에 싫증 나고, 짠 것만 먹으면 나중에 짠 줄을 모른다. 새로운 맛을 찾자. 궁 바깥의 세상은 어떤가? 그래서 사대문 바깥으로 나가보니 늙고, 병들고, 죽는 생로병사를 보고, '아, 산다는 게 허무하구나. 이걸 해결할 방법이 없을까.' 하던 차에 수행자를 만났다. 그에게 물어보니 수행만 하면 생로병사에서 벗어날 수 있다고 했다. 그렇다. '나도 언젠가는 늙고 아프며 죽을 게 틀림없으니 지금부터라도 수행하자.' 이 점이 고타마의 훌륭한 점이다. 보통 사람은 금수저를 입에 물고 태어나면 영원히 안 죽고 호사만 누리고 살 줄 알며 방자하게 살아간다. 그러다 죽을 때가 되면 좀 더 살고 싶은 마음에 몸부림치다가 인생이 뭔지도 모르고 죽고 만다. 그러나 고타마는 29세의 나이에 처자식과 부모도 버리고 야밤 중에 수행 길에 나섰다. 우리는 여기서 생각을 좀 해봐야 한다. 이것이 과연 의무와 책임을 다 내팽개치고 도망친 무책임한 행위인가? 세속적으로 보면 그렇게 말할 수도 있다. 그러나 세속의 관점에서 보자면, 더 좋은 걸 가지기 위해 현재 가지고 있는 것을 버리고 가는 것은 지탄받아야 마땅하지만, 반대로 좋은 걸 버리고 나쁘게 보이는 길을 가는 사람은 뭔가 새로운 가치관을 찾는 사람이다. 우리 같은 보통 인간의 삶에서 보아도 충분히 이해가 된다. 29세의 나이는 생물학적으로는 1차 갱년기이다. 생각이 깊어지고 인생의 진로를 결정해야 할 시기인 것이다. 공자도 30세가 되면 이립(而立)하라고 했다. 이 시기는 인생에서 뭔가 이루어 보고자 하는 가장 기운이 센 시기다. 욕망이 있고 의욕이 넘치는 때다. 이때 어느 길로 나아가느냐에 따라 각자의 길이 달라진다. 고타마는 바로 이 시기에 수행길을 택한 것이다. 그에게 있어 세상의 온갖 호사보다 중요한 것은 생로병사를 해결하고 세상의 온갖 열락, 부귀영화는 언젠가는 물거품처럼 사라지고 말 것이기에 스스로 영원히 죽지 않고 영원히 즐거운 마음으로 살아가는 법을 터득하여 세상 사람들에 그 법을 알려 주겠다는 점이었다. 그래서 처자식, 부모도 세상 사람들이니까 버린 게 아니라 오히려 그들까지도 위해서 출가를 결심한 것이다. 그래서 6년의 고행 끝에 마침내 법을 깨달은 것이다. 부처의 수행을 살펴보면 처음에는 그 당시 수행자에게서 고행을 배웠다. 육신을 고달프게(요가 수행) 하고, 굶고, 온갖 고달픈 짓을 다 해봐도 깨달음이 오지 않았다. 이번에는 방법을 바꾸어 죽도 먹고 마음과 몸을 편하게 하여 생각에 침잠하기 시작했다. 이때 고타마가 택한 수행법이 빅뱅 이론을 창시한 가모프의 방법을 선택한 것이다. 가모프의 방법은 다음과 같다. 이 복잡한 우주가 어떻게 생겨났고 존재해 왔는가? 그 근원이 무엇인지에 대해 비디오테이프를 거꾸로 돌리듯이 생각을 해 보니, 최초에는 딱 하나의 점에서 시작해서 차차 커져서 이 우주가 되었다는 것이다. 이 이론은 나중에 오파린의 생명 기원설 등이 생겨나고 실험으로 증명되어서 지금은 거의 정설이 되었다.

고타마도 복잡한 이 세계가 어떻게 이루어져 있는가를 원인부터 찾아서 원인을 타파해 나갔다. 그러다 보니 점점 단순화되고 최종적으로는 그 원인을 찾아낸 위대한 깨달음을 성취한 것이다. 보리수 아래에서 새벽 별을 보고 마침내 이 우주 법계의 실상, 성품을 깨친 것이다. 법을 깨쳤으니 부처라고 불린 것이다. 뭘 깨달은 것이냐. 깨달음을 얻고 나서 하신 첫 게송은 이러했다. "저것이 있으므로 이것이 있고, 이것이 없어지면 저것도 없어진다." 평범해서 누구나 알 것 같으면서도, 바로 와 닿는 실체가 없는 것 같기도 하다. "아니, 생로병사를 해결하겠다더니 이게 무슨 해결책이야." 대중들이 떠들기 시작했다. "지금 당장 삶이 고달픈데 이것을 해결해 주세요." 그래서 다시 설한 게 사성제(四聖諦) 고집멸도(苦集滅道)다. "그래. 중생의 삶이란 고달프다. 고통스럽다. 그 고통을 없애려면 고통을 주는 원인이 뭔지 하나하나 파악해서 하나하나 없애면 된다." "원인 파악은 대충 찾아지는 데 없애는 방법을 알려주세요." 그래서 그 방법을 가르쳐 준 게 팔정도(八正道)다. 팔정도를 잘 실행하면 고통 없이 삶을 살아갈 수 있다고 하셨지만, 사실 그걸 실행하기란 예나 지금이나 어렵다.

그래서 다시 부처님께 여쭈었다. "도대체 왜 삶이 생겨서 이렇게 고통스럽게 합니까?" 부처님은 그것은 연기 때문에 그런 것이라고 하시면서 십이연기(十二緣起)에 대해서 자세히 설명하시었다. 이렇게 묻는 사람마다 그 근기에 따라 설명하다 보니 49년간 8만 4천 법문을 설하게 되었고 그것이 너무 방대하다 보니 분류를 하여 수십 권의 경전이 된 것이다. 그러다 보니 후세에 관점에 따라 '이 경이 좋다.' '저 경이 맞다.' 하면서 파벌이 형성되어 부파불교가 일어나게 되면서 화엄종, 태고종, 진각종, 조계종 등 수없이 분파가 일어났다. 결국, 부처님의 말씀은 점점 어려워지고 보통 중생은 뭐가 뭔지 모르게 된 사태가 일어났다. 그것은 유식한 스님들의 잘못이 크다. 부처님의 말씀은 너무나 간단명료한데 그것을 자꾸 세분화해서 어렵게 했기 때문이다. 마명 스님이 지었다고 알려진『대승기신론』은 너무 어렵다고 원효 스님이 주석을 달아서 소라고 하면서 설명을 했는데도 어렵기는 매한가지다. 식(識)을 말로써, 글로서 설명하기란 어렵고도 어려운 일이다. 이 글을 이해할 수 있는 유식한 사람이나 알 수 있지, 도대체 무슨 말인지 알 턱이 없다. 그야말로 우이독경(牛耳讀經), 마이동풍(馬耳東風) 수준이다. 부처님은 근기에 따라 알아들을 수 있게 설했지만, 후세 사람들은 이해를 잘 못하니까 부처님의 말씀을 장광설, 횡설수설 등으로 표현해버렸다. 지금은 사전적 의미로는 장광설은 영양가 없는 이야기를 장황하게 늘어놓아 하품 나게 하는 말이라고 하고, 횡설수설은 앞뒤가 안 맞는 조리 없는 말을 뜻한다고 되어 있다. 원래의 뜻은 이렇다. 장광설은 상대편이 알아들을 때까지 온갖 예를 들어서 설명해 주는 것이다. 옆에서 보기에는 지루할 정도로 길게 얘기하는 것처럼 보이겠지만, 많은 예를 들면서 알아들을 때까지 얘기할 수 있다는 것은 보통 사람으로서는 쉬운 일이 아니다. 실력이 있어야 하기 때문이다. 만약에 부처님이 나를 설득하시려면 화학을 배웠다는 사실을 아시고 화학적으로 설명해 주실 거고 그래도 고개를 갸웃거리면 생물학, 물리학, 양자역학, 천체물리학 등 온갖 과학적 지식을 동원하여 내가 알아들을 때까지 설명할 것이다. 이럴 때 옆에서 이해를 못 하고 소리만 듣는 사람은 시끄럽게 오래 떠든다고 할 것이다.

횡설수설은 이렇게도 얘기하고, 저렇게도 얘기해서 상대가 완전히 이해가 되도록 하는 설법이다. 한 가지 방법으로 일관되게 횡적으로 설명해서 못 알아들으면 종적으로 설명해서 보완해 주는 것이다. 베를 짜는 데 날줄만 있어도 안 되고 씨줄이 있어야 하는 것처럼, 가로세로가 빈틈없이 짜일 때 비로소 완벽한 천이 되는 것처럼, 설명도 횡설해서 못 알아들으면 수설해서 완전히 이해가 되도록 한다는 뜻의 말이 횡설수설이다. 그러므로 부처님의 설법은 완벽한 설법인 것이다. 이처럼 알아듣게 해 주었는데도 후세 사람들이 제대로 이해를 못 하고 횡설수설의 본 의미를 오인하게 된 것이다. 그러면 이제부터 부처님의 가르침을 제대로 이해해 보자.

8만 4천 법문의 시작은 첫 게송에서부터다. 만약 모든 사람이 첫 게송을 듣자마자 다 알아들었다면 그 후의 온갖 설법은 안 해도 되었을 것이다. 부처님이 장광설을 하셨다지만 그것은 중생들이 못 알아들으니까 알 때까지 자꾸 말씀하신 탓이다. 가섭은 아무 말도 안 하고 연꽃 한 송이 들어 보였다던 부처님을 보고 다 알아듣겠노라고 미소로서 답했다. 가섭의 근기를 모두가 다 가졌으면 부처님은 그냥 연꽃만 들고 다녀도 중생들에게 가르침을 펼 수 있었을 것이다. 미래의 부처님, 56억 7000만 년 후에 오신다는 미륵 부처님은 단 세 번의 설법으로 중생을 다 교화한다고 하니, 그때까지 중생들의 근기가 가섭 바로 아래 수준까지 간다고 생각해야겠다. 나도 그때 그 설법을 들을 수 있으려나.

"저것이 생겨나니 이것이 생겨나고, 저것이 없어지면 이것도 없어진다."

이 최초의 말씀을 두고 후세의 우리들은 연기법이라고도 하고 인과법이라고도 한다.

연기법, 인과법은 화엄세계에서나 존재하지 공의 세계에서는 존재하지 않는다. 화엄세계부터 정의하면 다음과 같다. 화엄세계란 공의 세계, 즉 열반의 세계와 상호의존적, 상호보완적 개념의 세계다. 열반의 세계가 움직임이 없는 무이상 무명 무상의 고요한 세계라면 화엄세계는 움직임이 있고 형상이 생기는 세계다. 즉, 형상, 비 형상의 움직임 세계다. 제일 작은 움직임은 초끈이론에서 1×10^{-31}cm에서부터 빛의 속도까지 운동하고, 제일 작은 입자는 쿼크부터 커져서 수미산까지 커지고 잡귀신에서부터 온갖 신들까지, 세균에서부터 코끼리, 고래까지 온갖 생물 무생물들이 있고 지옥에서부터 천당, 극락까지 다 있는 이 세계가 장엄한 화엄세계다. 온갖 것이 인연에 따라, 즉 만남에 따라 생기고, 소멸하고, 끝없이 움직인다. 그러므로 연기, 즉 인연 따라 생기고 인과, 즉 과보, 결과가 생기는 것이다. 부처님께 묻는 사람들은 인도 사람들이었고 묻는 내용은 그들의 삶에서 궁금한 것들이었을 것이다. 부처님은 그들이 알아들을 수 있는 그 당시 말로 이야기했을 것이며 이해를 시키기 위해 온갖 비유를 들어가며 알아들을 때까지 설하다 보니 장광설이 되고 횡설수설이 되었던 것이다. 즉, 부처님의 설법은 그에게 물은 사람들이 어떻게 해야 알아들을 수 있을까를 염두에 두시고 그 사람의 이해력에 맞추어 말씀하신 것이다.

부처님은 처음 원력대로 중생을 고통 속에서 구제할 도를 깨우치시고 하신 첫 말씀이 바로 "이것이 있으므로 저것도 있고, 이것이 없어지면 저것도 없어진다."라는 말이다.

고통이란 무엇이냐. 중생의 느낌이고 생각이다. 느낌과 생각은 파장, 즉 움직임이다. 움직임을 딱 멈추면 느낌도, 생각도, 다 없어진다. 멈추면 비로소 보이는 것들은 아무것도 없다. 어떻게 하면 생각을 멈출 수 있는지를 가르쳐 주신 것이 부처님의 설법이고 선사들의 가르침이다. 움직이는 세계는 화엄세계요, 움직임이 멈춘 자리는 공의 자리다. 아무리 휘황찬란한 세계도 화엄세계요, 아무리 어렵고 고달픈 자리도 화엄세계다. 화엄세계는 움직이는 세계이기 때문에 끝없이 변화하고 단 한 번도 똑같은 모습을 유지할 수 없다. 이 화엄세계가 딱 멈추면 바로 공의 자리인 것이다. 즉, 부처님의 말씀은 공이 있으므로 화엄세계가 있고, 화엄세계가 없으면 공도 없다는 말씀이다. 즉, 화엄세계가 있으므로 공이 있고, 공이 없으면 화엄세계도 없다는 이야기다.

『반야심경』에서도 오온, 즉 화엄세계가 공과 다르지 않고 같다고 했다. 원효 스님의 화쟁론(和諍論)에서도 평등에서 다름이 나오고, 다름이 있기 때문에 평등하다고 했다. 여기서 평등이란 공의 자리, 즉 사사무애의 자리이고 다름이란 화엄세계, 즉 사사유관 인연의 세계를 말한 것이다. 이 뜻을 제대로 알면 싸울 일도, 다툴 일도, 저 잘났다고 떠들 것도 없건만. 소승입네 대승입네, 경이 중하네, 율이 으뜸이네 하고 떠들 것도 없건만. 다투기 좋아하면 아수라 세상에 간다던데 그곳에서 아직도 내가 옳네, 네가 틀리네 하고 있는지 모를 일이다.

부처님은 아무리 힘들고 어렵더라도 단박에 그 고통을 멸하는 법을 가르쳐 주셨다. 출가하실 때 했던 그 약속을 지키신 것이다. 이는 결국, 현대 물리학, 양자역학, 천체물리학에서 다 증명된 사실이다. 움직임이 없으면 시간도, 공간도 없어지고 움직임이 시작하는 순간부터 시공이 생겨나는 것이다. 그러면 어떻게 하면 움직임을 멈출 수 있는가. 우리의 생각과 마음이 모두 움직임이고 파장이다. 생각과 마음이 있기 때문에 오욕칠정이 생기는 것이다. 생각과 마음을 딱 멈추는 순간 고통, 즉 화엄세계가 사라지고 공의 자리에 있게 된다. 이 자리는 『반야심경』에서 잘 설명해 놓았다. 생각을 마음을 딱 멈추게 하는 말씀이 부처님 8만 4천 법문이고 그 방법을 추구하고, 실행하고 가르쳐 주신 말씀들이 조사, 선사들의 어록이다. 그 방법이 수도 없이 많고 선종에서 사용하는 공안, 즉 화두만 1,700가지가 넘는다고 한다. 그중에서도 제일 쉬운 게 "이 뭐꼬?"라고 하기도 하는데 각자의 근기에 따라 선택할 일이다.

그런데 우리들의 현실 문제는 "이 뭐꼬?" 한 마디에 해결되지 않는다는 데 있다. 삶은 현실이고, 지각하는 시간의 길이가 있고 오욕칠정에 얽매여 살기 때문에 시시각각 나날이 해결해야 할 많은 문제와 맞닥뜨려 산다. 그 속에서 좋은 것은 금방 지나가고 힘든 것은 오랫동안 나를 괴롭히는 것처럼 느끼고 살아간다. 그래서 인생은 고해라고 하던가. 이 삶이 중생의 삶이고 화엄세계의 삶이다. 어쩔 수 없이 살아가야 할 삶이라면 -죽어버린다고 해도 화엄세계의 삶은 끝나지 않는다. 지옥부터 천당까지인 육도를 끝없이 윤회할 테니까- 어떻게 살아가야 할까. 그 답을 가르쳐 주신 분들이 많다. 부모, 친구, 선생님 등 많은 온갖 사람들이 가르쳐 준다. 그래서 공자는 셋이 길을 걸어가면 두 사람은 스승이라고 했다. 잘못된 길을 가르쳐 주는 나쁜 인간에게 걸려 잘못 배우면 고달픈 삶을 살아야 하고, 올바른 길을 가르쳐 주는 좋은 분을 만나서 잘 배우면 보람찬 삶을 살 것이다. 실수 없이 살고, 죽어서는 천당, 극락을 가려면 성인들의 말씀을 따라야 한다.

그분들의 말씀은 한결같이 이 삶을 어떻게 살아야 하는가에 대해서 주로 설하셨기 때문이다. 사랑하라. 자비를 베풀어라. 인의예지로 살아가라. 이 말씀들과 길들이 정도(正道)이지만, 현실 문제 해결에 당장은 답이 되지 않아서 제자백가(諸子百家) 사상이 나오고 온갖 책들이 쏟아져 나온다. 물론 그중에서 답을 찾아내기도 하겠지만, 찾지 못해서 오늘도 여기저기를 기웃거리다가 결국 잘못된 길을 찾아서 인생을 망치는 사연이 매일 신문에 나고 있다. 중생의 슬픈 어리석음이여. 부처님의 가르침, 이것과 저것의 관계를 화엄세계에 국한해서 생각해 보자. 사실 인생의 문제, 삶의 문제는 화엄세계의 문제이다. 부처님의 설법도 다 중생들의 삶에 대해서 설하신 것이다. 어떻게 생각하고 행동해야만 극락도 가고, 고통도 멸하고, 편안해질 수 있는지에 대해 설하신 것이다. 이것과 저것의 관계는 상호의존, 상호보완, 상생의 관계다. 이것과 저것의 관계를 대립으로 보는 순간 갈등과 미움이 생기고, 상대편은 없어져야 하는 대상이 된다. 상생의 관계로 보는 순간 사랑과 배려가 생기고 같이 있어야 할 대상이 된다. 음, 양은 대립처럼 보이지만 음이 없으면 양도 없고 양이 없어지면 음도 함께 없어진다. 음이 있어야 양이 있고 양이 있어야 음이 있게 된다. 그래서 둘이서 만나 전깃불도 켜고 모터도 돌려서 온갖 일을 다 한다. 전기선의 두 가닥(음전기, 양전기) 중 한 가닥을 잘라 보아라. 금방 깜깜해지고 모터는 꺼지며 온갖 일도 중단

된다.

　세상살이 모든 고난도 대립으로 보는 순간부터 시작된다. 상호의존, 보완적 존재, 필수불가결의 존재로 인식해야 하며 더 나아가 상대를 키우면 나도 덩달아 커지는 게 이 장엄한 화엄세계의 실상이요, 법칙인 걸 알아야 한다. 그리고 이를 실천하는 순간부터 세상은 사랑과 행복으로 충만하게 되는 것이다. 부부관계, 노사관계, 친구관계 등 온갖 인간사 관계에 이 법칙을 적용해서 살면 선업도 쌓이고 행복도 느끼고 잘 살다가 적어도 천당이나 극락에도 갈 수 있고, 더 나아가면 부처도 될 수 있다고 가르치신 게 부처님이다. 인생은 한바탕 꿈이라고 한다. 지나놓고 보면 나이 들수록 실감 나는 말이다. 사실 잠시도 멈추지 않고 변화하는 게 삶이고 화엄세계다. 그때그때 나타나는 현상에 불과하다. 실체 같지만, 실체가 아니고 현실 같이 보이지만, 쉬지 않고 지나가는 환상이다. 이 삶이 꿈인 줄 알면, 그 꿈이 지나가는 데 시간이 걸리는 줄 알면, 이왕 꾸는 꿈을 멋지고 예쁜 행복한 꿈을 꾸는 게 좋을 것이다.

이 뭐꼬?
(이것이 무엇인고?)

'이 뭐꼬?'를 자나 깨나 하면 정말 깨달음을 얻을 수 있을까. 그렇다고 선사들은 얘기한다. 그러나 그 상태는 어떻다고 설명하지 않는다. 못할 것이다. 언어도단(言語道斷)의 경지이기 때문이다. 말이나 글로서는 표현할 수가 없다. 꿀 먹은 벙어리가 되는 것이다. 꿀을 먹어보면 꿀맛을 안다. 꿀을 먹을 방법을 가르쳐 주는 게 수행법이다. 그 방법을 현대 물리학에서 찾아보자. 앞에서도 언급했지만, 다시 한번 살펴보면 속도가 0이 되면, 즉 움직이지 않으면 물질은 사라진다. 오늘도 물리학자들은 입자 가속기를 사용하여 두 입자를 충돌시켜 속도가 0이 되어 두 입자는 사라지고 온도는 절대영도가 되는 빅뱅 최초의 순간을 재현하려고 열심히 노력하고 있다. 그러나 그 상태를 얻었다는 소식은 없다. 새로운 입자가 생겼다고는 하지만 왜 알 수 없을까. 설사 그 상태가 생겼다고 하더라도, 측정 불가능하고 인지할 수 없기 때문이다. 움직임이 없는데 어찌 알 수 있으며 측정할 수 있단 말인가. 그래서 의상대사는 〈법성게〉에서 '중지소지비여경'이라고 했다. 직접 그 경지에 들어가는 것 말고는 어떠한 방법도 경지도 없다고 했다. 입자끼리의 충돌로 빅뱅의 순간, 태초의 순간의 공(空)의 상태를 얻을 수 있을지도 모른다는 발상을 '이 뭐꼬?'에 대입해 보자. '이 뭐꼬?' 하는 생각이 하나의 입자다. 즉, 생각자(원자. 전자, 양자, 소립자와 같은 입자)라고 할 수 있다. 움직이는 것은 다 입자이고 파동이기 때문에 그렇게 부를 수 있다. 생각이 파동이라는 것은 이제는 다 증명된 현상이다. 뇌파를 측정해서 타심통을 하려고 연구하는 학자도 많다. 오만 가지 생각이 오만 가지를 만들어 온 게 인류의 문명이고 사람의 삶이자 역사다. 그런데 고통의 원인도 오만 가지 생각에서 온다. 오만가지 생각을 '이 뭐꼬?'라는 생각으로 타파해 없앤다면 남는 것은 '이 뭐꼬?'라는 생각자 밖에 없다. 다이아몬드는 다이아몬드끼리 부딪쳐야 닳아 없어지는 것처럼, '이 뭐꼬?'라는 생각자끼리 부딪혀 그마저도 소멸되는 경지, 그것이 깨달음의 경지이고 공(空)의 상태다. 이 경지는 해 본 사람만 안다고 하니 한 번 해보시라. 자나 깨나, 앉으나 서나 '이 뭐꼬?'를 해 보시라. 空, 열반, 고요함. 이 자리에 무슨 고통과 걱정이 있으랴. 다 사라졌는데.

끝내는 말씀드립니다

월호 스님의 법문을 듣다가 스님께서 "개도 서당에서 3년 살면 풍월을 읊는다는데, 하물며 사람으로 태어나 한 세상 살아가면서 불법을 몰라서야 되겠느냐."라고 하신 말씀에 충격받아 붓을 잡아 보았습니다.

매끄럽지 못하고 미숙한 점은 너그러이 보아주십시요.
필력이 모자라니 어쩔 수 없습니다만, 제 모든 지식과 열정으로 횡설수설해 봤습니다.
끝까지 읽어 주셔서 감사합니다.

고타마 싯다르타는 새벽 별을 보고 깨달음을 얻었고,
어떤 선사는 닭 울음소리에 확철대오 했다고 합니다.
꾸준히 노력하다가 어떤 계기를 만나면 드디어 이루어지게 된다는 겁니다.
불교에서는 시절 인연이라고도 합니다.

행여 졸작이라도 독자의 공부에 닭 울음소리가 되었으면
좋겠다고 꿈꿔봅니다.

무엇이라도 건지셔서 도움이 되시기를 염원합니다.

혹여 그렇다고 말해 주시면 무한한 영광이 되겠습니다.

부디 행복한 삶을 만들어 사시기를 기원합니다.

지은이 올림

(합장배례)